KB092760

리더십
게임

Leadership

리더십
게임

Game

리더에게 필요한 것은 카리스마가 아니라 매뉴얼이다

짐 에드워즈 지음 · 김윤경 옮김

푸른숲

《리더십 게임》에 대한 찬사

"리더십의 문제점은 리더십을 배울 데가 없다는 것이다. 주어진 일을 잘 해내다 보면 승진하게 되고, 결국에는 '사람 관리'라는 완전히 낯설고 불편하고 당혹스러운 역할을 맡게 된다. 《리더십 게임》은 이런 경험이 있는 사람들이 고대하던 책이다. 솔직하고 이해하기 쉬우며 복잡한 전문용어 대신 실질적인 조언이 가득하다. 이 책을 읽는 내내 연신 고개를 끄덕였다. 짐 에드워즈는 리더십 게임이란 걸 할 줄 아는 사람이다. 금상첨화로, 독자들도 이 게임을 잘할 수 있도록 코치할 줄도 안다."

에릭 슈런버그, 멘수에토 벤처스 CEO이자 〈Inc.〉 전 편집장

"대부분의 경영 조언서는 지루하기 짝이 없지만, 이 책은 전혀 그렇지 않다. 초보 팀장이 읽기에 딱이다."

도나 먼데이, 〈해리포터와 저주받은 아이〉 책임 제작자

"《리더십 게임》은 무척 재미있고 교육적인 리더십 지침서다. 저자가 30년간 언론계에 종사하며 겪은 일화들이 때로는 웃음을 터트리게, 때로는 긴장감에 숨죽이게 만든다. 무엇보다 이 책의 핵심은 형편없는 리더십의 고리를 끊는 것이다. 저자는 팀장에게 걸맞은 성격이 따로 있다는 미신을 말끔히 씻어 주며, 더 좋은 팀을 만들기 위한 실속 팁을 익살스럽게 일러 준다."

샬럿 오언, 미국 온라인 잡지 〈버슬〉 편집장

"짐 에드워즈는 어떻게 하면 유능한 관리자가 되고 좋은 사업가가 될 수 있는지 무척 유머러스하면서도 겸손하게 가르쳐 준다. 이 책은 당신이 상사로서 겪게 되는 온갖 난관들을 잘 헤쳐 나가도록 안내한다. 감사하기, 실수 인정하기, 그때그때 성취감 만끽하기 등 신임 팀장에게 필요한 단계별 지침을 모두 담고 있다. 또한 강한 자극제가 필요한 고연차 관리자들의 필독서이기도 하다. 누구든 읽고 나면 에너지가 샘솟으면서 최선의 결과를 낼 수 있는 노하우를 얻게 될 것이다."

미셸 고트헬프, 〈뉴욕포스트〉 디지털 부문 전 편집장

"짐 에드워즈의 메일을 처음 받은 당사자이자 이 책이 쓰인 계기가 된 사람으로서 제일 먼저 강조하고 싶은 사실은 그의 조언이 시기를 타지 않는다는 것이다. 오랫동안 관리자로 일하면서 짐의 조언이 도움이 된 적이 한두 번이 아니다. 그의 관리 스타일처럼 이 책 또한 현명하고 재미있고 직설적이면서 요긴하다."

앨리슨 숀텔, 〈포춘〉 편집장이자 CCO

"우리는 모두 나쁜 관리자를 만난 적이 있다. 어떤 관리자는 끔찍하기까지 했다. 반면 좋은 관리자를 만난 경험도 있다. 그렇다면 좋은 관리자와 나쁜 관리자, 사랑받는 관리자와 악랄한 관리자를 가르는 것은 무엇일까? 이 질문에 제대로 답해 준 책은 지금껏 없었다. 이 책이 나오기 전까지는 말이다. 짐 에드워즈는 특유의 지혜와 재치를 담아, 팀을 관리하고 이끌고 격려하는 방법을 담은 매뉴얼의 끝판왕을 써냈다. 이 책에는 관리자로서 꼭 해야 할 일뿐 아니라 하지 말아야 할 실수들도 담겨 있다. 현재와 미래의 팀장들이 반드시 읽어야 할 공식 지침서다."

캐스린 터글, 〈허머니 HerMoney**〉 편집장이자 〈하우 투 머니**How To Money**〉 공저자**

차례

들어가며 청하지 않은 충고를 받으시겠습니까? **15**

이 책이 존재하는 이유 | 이 책에서 가장 중요한 것 | 이 책을 꼭 읽어야 하는 사람 | 이 책의 구성 | 이 책을 읽는 방법 | 이 책에서 다루지 않는 내용

Ⅰ 리더의 키워드

01 팀장 1일 차를 완벽하게 보내는 법 27

"일은 좀 어때요?" | 개인 플레이가 더 이상 통하지 않을 때 | 5명의 법칙 | 첫날 반드시 해야 할 일 | 좋은 질문이 당신을 리더로 만든다

02 평범한 사람이 리더십을 발휘하는 법 39

솔직함은 언제나 통한다 | 팀원을 지지한다는 것

03 꺼내기 어려운 말을 쉽게 하는 법 48

넷플릭스 CEO의 제안을 거절한 대가 | 변화가 아니면 죽음을 달라 | 절대적 아군을 만들어라

04 무조건 통하는 소통법 57

팀원이 업무를 이행하지 않을 때 | 같은 말을 스무 번 해라 | 학습의 원추 이론 | 다시 한번, 5명의 법칙 | 질적 목표와 양적 목표를 모두 말해 줘라 | 질문을 진짜로 허용해라

Ⅱ 리더의 우선순위

05 번아웃 없이 생산성 높이는 법 73

상시 업무 모드의 피해자 | 급한 일과 중요한 일 중 뭐가 더 중요할까? | 우선순위를 매기게 해라 | 가장 덜 중요한 세 가지 일을 제거해 줘라 | 중요한 일만 할 권리를 줘라 | 에이스의 일을 덜어 줘라

06 직접 나서지 않고 팀원의 실적 올리는 법 84

분석은 구체적으로, 칭찬은 공개적으로 | 모든 실패에는 확실한 이유가 있다 | 대박과 쪽박 기법이 실적을 높인다

07 우상향 성장 그래프 만드는 법 96

역사상 가장 훌륭한 관리자가 될 필요는 없다 | 복리 성장을 이루는 법 | 평균보다 약간 더 잘하는 것의 놀라운 힘 | 성공은 누적의 싸움이다 | 인내심을 가져라

08 지속할 일과 그만둘 일 결정하는 법 107

희소성의 가치에는 한계가 있다 | 2018년 노벨경제학상의 교훈 | 실현 가능한 목표의 이점

09 **객관적인 데이터를 바탕으로 평가하는 법** **115**

데이터는 측정 가능해야 한다 ┃ 데이터에 잠식되지 않도록 주의해라

10 **의사 결정의 오류를 줄이는 법** **123**

퀀트의 오류

Ⅲ 리더의 기술

11 **일 잘 맡기는 법** **129**

수직 구조 조직도를 사랑하는 이유 ┃ 가능한 많이 위임해라

12 **성격유형 검사 현명하게 쓰는 법** **134**

MBTI를 활용해서는 안 되는 이유

13 **유능한 사람을 팀원으로 채용하는 법** **140**

구직자는 면접 자리에서 무엇이든 말해 준다 ┃ 적극적인 인재 모집의 가장
큰 장점 ┃ 언제나 채용을 1순위 과제로 삼아라 ┃ 잘못된 채용의 예시 ┃
판단 기준이 될 수 없는 것 ┃ 다양성이 중요한 실질적 이유

14 **나보다 나은 사람 뽑는 법** **153**

심사 기준 패키지를 만들어라 ┃ 실무에 탁월한 사람을 뽑아라 ┃ 진짜를 가
려내는 방법 ┃ 이런 사람은 놓치지 마라 ┃ 빌런을 걸러 내는 법 ┃ 추천인
요청하기

15 승진 카드 활용법 166

승진 기회를 어떻게 얻었는가? | 믿고 일을 맡길 수 있는 사람 | 절대 승진시키면 안 되는 사람 | 직무 수행 능력 부족의 징후들 | 록 스타를 위한 사다리

16 상사 관리법 178

"나 대신 이 문제를 어떻게 해결하겠나?" | 팀원이 잘한 일을 윗선이 알게 해라 | 양방향 소통의 기본은 보고다

17 미래의 관리자를 알아보는 법 186

18 개인 업무 평가하는 법 192

효과적인 목표의 세 분류

19 보상을 위한 협상법 198

팀원의 임금 인상률 정하는 법 | 나쁜 협상이란 무엇인가 | 충분한 사유가 되려면 | 그래서 어떻게 하란 말인가?

20 일 안 하는 팀원 다루는 법 216

해고하겠다고 협박하지 마라 | 일하지 않는 직원을 처리해라 | 때로는 해고를 결심해야 한다 | 절대 계획 없이 해고하지 마라 | 결단을 위한 체크리스트

21 밥맛없게 굴지 않으면서 해고하는 법 227

기습 통보는 금물이다

22 **사내 갈등 예방법** 232

원한은 회사 전체에 독이 될 수 있다 | 적에게 점심을 대접하라 | 지시를 따르지 않는 직원 관리법 | "잘 들었습니다만, 결정은 내가 해요." | 나쁜 싹은 시작부터 잘라라

23 **까다로운 사람 다루는 법** 242

몇 가지 흑마술을 배워 두면 유용하다 | 까다로운 사람들을 대하는 요령 | 변호사를 상대하는 방법 | 조용히 권한을 행사해라

IV 리더의 결단력

24 **유능한 관리자 되는 법** 261

가만히 있으면 나빠진다 | 남들보다 먼저 기회를 알아보는 법 | 원칙, 전략, 전술

25 **원칙 세우는 법** 270

애플 vs FBI | 원칙에는 예외가 없어야 한다 | 원칙에는 절대적인 설득력이 필요하다 | 큰 그림을 팀원에게 공유해라

26 **전략 세우는 법** 280

이른 승전보와 출구 전략 | 전쟁 발발 | 동상이몽을 꾼 두 CEO | 값비싼 실패의 대가

27 **전술 세우는 법** 293

대부분의 업무 시간은 전술적 결정에 쓰인다 ┃ 아무도 회의에 늦지 않게
하는 확실한 방법

28 **문제를 분류하는 법** 300

범주의 오류에 따르는 대가

나오며 이게 다다! 305

감사의 말 311

청하지 않은 충고를 받으시겠습니까?

영화 〈악마는 프라다를 입는다〉의 배경이 고아를 구조하는 자선단체가 아니라 미디어 업계가 된 데에는 다 이유가 있다. 〈보그〉의 전설적인 편집장 애나 원터의 어시스턴트였던 로렌 와이스버거의 책을 원작으로 한 이 영화는 원터를 본뜬 허구의 인물 미란다 프리스틀리를 직속 어시스턴트들을 정신적으로 괴롭히는 독단적인 소시오패스로 그린다.

물론 원터의 냉담하고 까다롭고 변덕스러운 모습은 과장된 면이 없지 않지만, 그럼에도 이 영화는 실화를 바탕으로 하고 있다. 한 예로, 원터는 오프라 윈프리에게 살을 좀 빼야겠다고 조언한 적이 있다. 애나 원터의 어시스턴트들은 집사처럼 그의 코트를 걸어 주거나 가방을 대신 들어 줬고 원터와 눈을 마주치지 말라는 조언을 듣기도 했다. 27년간 원터와 함께 일했던 〈보그〉의 전 에디터 앙드레 레옹 탈리에 따르면, 원터는 드라이클리닝 픽업같이 모멸감을 주는 개인 심부름까지 시켰다고 한다.

실제로 미디어 업계에서 일하는 사람들은 누구나 프리스틀리나 윈터 같은 상사를 만나 본 적이 있을 것이다. 간혹 현실에서는 할리우드 영화 속 상사보다 더한 인간도 존재한다.

예전에 나는 법정 TV, 월간 법률 잡지 〈아메리칸 로이어〉, 〈뉴스 가드〉 등 여러 미디어 회사의 무시무시한 창업자이자 작가인 스티브 브릴 밑에서 일한 적이 있다. 그는 까다로운 상사의 전형이었다. 흡연이 금지된 사무실 안에서 담배를 피우는가 하면, 벨트 대신 멜빵을 찼고 마음에 안 드는 사람이 있으면 윽박지르기부터 했다. 한번은 작성 중이던 기사를 프린트했다가 깜빡하고 브릴의 사무실 근처에 있는 응접실에 두고 온 적이 있다. 완성과는 거리가 먼 초고였다. 이 원고를 발견한 브릴은 내 글을 조목조목 까는 메일을 사내 전체에 보냈다. 정말이지 치욕스러웠다.

심지어 브릴은 부하 직원을 이로 물었다는 의심을 받은 적도 있다. 피해자는 훗날 유명 헤지펀드 매니저이자 CNBC의 〈매드 머니〉 진행자로 활약한 짐 크레이머였다. 그렇다. 스티브 브릴이 짐 크레이머를 **물었다**.

사건은 브릴이 뉴욕 웨스트체스터에 있는 자신의 저택에서 주최한 회사 파티에서 일어났다. 그의 집에 있는 수영장에서 직원들이 편을 나눠 수구 시합을 하고 있을 때였다. 지는 걸 끔찍이도 싫어하는 브릴은 순식간에 그곳을 아수라장으로 만들어 버렸다.

"동점골을 넣으려고 하는 순간 브릴이 내 팔을 이로 꽉 물었다. 팔에서 솟구친 피가 투명한 물속으로 쉴 새 없이 흘러내렸다. 모두가 기겁하며 지켜보고 있을 때 나는 그저 웃음만 나왔다. 정말이지 브릴다운 행동이었다." 크레이머는 후일 자서전에 이렇게 썼다.

그렇다고 크레이머를 동정할 필요는 없다. 크레이머 역시 부하 직원에게 썩 좋은 상사는 아니었다. 헤지펀드 매니저로 일하던 시절, 그는 분노를 주체하지 못했다. 팩스를 박살 내는가 하면 바깥에서 일하는 공사장 인부들에게 욕을 퍼부었고, 심지어는 창턱에 앉은 새들까지 못살게 굴었다. 진정제를 처방한 정신과 주치의에게는 싫다고 고래고래 소리를 질렀다.

한번은 이런 일도 있었다. "그가 책상 위에 놓인 전화기를 때려 부수기 시작했다. 그러고는 컴퓨터 모니터를 들어 투포환처럼 집어 던졌다. 모니터가 몇 피트 날아가더니 바닥에 떨어져 산산조각 났다." 헤지펀드에서 그와 함께 일했던 니콜라스 마이어의 증언이다. 마이어는 크레이머의 행동에 적잖은 충격을 받고 장장 책 한 권에 그 내용을 담아 냈는데, 책 제목이 《적과의 거래Trading With the Enemy》다.

이처럼 많은 상사가 할리우드식 나쁜 상사 모델을 받아들인다. 누구나 또라이 상사를 만나 고생한 경험이 있다. 나 역시 동료에게 윽박지르고 사내 전체에 짜증 섞인 메일을 보내는 상사들을 만나 봤다. 빨간 줄이 쭉쭉 그어진 원고를 받은 적도 물론 있다.

나쁜 상사와 일해서 좋은 점이 하나 있긴 하다. '나는 저러지 말아야지' 하고 다짐할 수 있다는 것이다. 대부분의 회사에서는 관리자

교육 일정을 짤 때 부하 직원을 막 대하지 않겠다고 다짐하는 시간을 넣는다. 관리자가 되는 일이 곧 브릴이나 크레이머, 윈터, 프리스틀리처럼 행동하는 것이라고 생각했다면 깜짝 놀랐을 것이다. 이제 제대로 된 회사치고 이런 식으로 일하는 회사는 없다. (만일 그런 회사에 다니고 있다면 당장 그만두길 바란다.)

이 책이 존재하는 이유

나쁜 상사 밑에서 고생한 얘기를 듣고 교훈을 얻는 것도 즐거운 일이지만, 우리에게 정말로 필요한 것은 지상 최악의 관리자가 되지 않기 위한 기본적이고 상식적인 조언들이다. 희소식은 그 방법이 엄청나게 복잡하지 않다는 사실이다. 의지만 있다면 누구나 좋은 상사가 될 수 있다.

내가 이 책을 쓴 것은 미국의 경제 매체 〈비즈니스 인사이더〉의 모회사인 인사이더Insider Inc.에서 독특한 관리 문화를 직접 경험하며 많은 것을 배웠기 때문이다.

〈비즈니스 인사이더〉는 2007년에 네 사람이 만든 블로그로 처음 시작했다. 그들은 뉴욕 맨해튼 5번가 134번지의 승강기 없는 3층짜리 건물에 자리한 작은 사무실에서 일했다. 사실 말이 사무실이지, 다른 회사의 택배를 수령해 놓는 보관소나 다름없어서 페덱스 기사가 오면 택배를 들여놓을 수 있게 의자를 치워 줘야 했다. 몇 년 못 가서 그들이 망할 거라고 예측하는 사람이 꽤 많았다.

그러나 오늘날 인사이더는 구독자가 한 달에 2억 명에 이르고 연간 매출액이 1억 5000만 달러가 넘는다. 창립 8년 만에 독일의 거물 출판사 슈프링거Springer에 4억 4200만 달러에 팔렸고, 현재 가치는 그 값을 훨씬 뛰어넘는다. 이처럼 인사이더가 큰 성공을 거둔 것은 내부 문화가 경쟁사들과 전혀 달랐기 때문이다.

앞으로 분명히 알게 되겠지만, 나는 지상 최고의 관리자와는 거리가 멀다. 나는 실수에서 많은 것을 배웠다. 해서는 안 될 일들을 배웠다. 그럼에도 희소식은 있다. 좋은 관리자, 다시 말해 동료들과 경쟁자들을 능가하는 유능한 관리자가 되기 위해 최고의 관리자가 될 필요는 없다는 사실이다.

이 책이 인사이더의 관리 문화를 다룬 공식 설명서는 아니지만 내가 그 영향을 받은 것은 분명하다. 이 책은 내가 20년 넘게 10여 개의 회사에 다니면서 쌓은 경력을 기반으로 썼다. 내가 거쳐 간 곳으로는 CBS 뉴스, 〈슬레이트〉, 〈살롱〉, 〈인디펜던트〉, MTV, 〈네이션〉, 〈AOL〉, 〈애드위크〉, 〈브릴스 콘텐트〉, APB 뉴스, 〈뉴저지 법률 신문〉, 노스 저지의 일간지 〈헤럴드 앤 뉴스〉와 코네티컷의 일간지 〈레지스터 시티즌〉 등이 있다.

나는 1990년대 중반부터 다양한 규모의 팀들을 관리해 왔다. 어떤 팀은 나를 포함해 3명일 정도로 작았다. 이 책을 쓸 무렵에는 직원 80명이 런던, 뉴욕, 캘리포니아, 싱가포르 등지에 흩어져 일하는 인사이더 뉴스 부서를 책임졌다. 인사이더는 전 세계에 약 600명의 저널리스트를 두고 있었고 내가 이 글을 쓰는 시점에는 총 900명이 넘는 직원이 일하고 있다. 나는 이들 모두를 두루 감독하는 회사 임원진의 일원이었다. 놀랍게도, 작은 팀을 이끌기 위해 알아야 할 것과 큰 팀을 관리하기 위해 알아야 할 것은 별반 다르지 않았다.

이 책에서 가장 중요한 것

내가 이 책에 대한 영감을 처음 얻은 것은 2016년 8월, 한 친구가 초고속 승진을 하면서 팀원이 100명에 가까운 팀을 관리하게 됐을 때다. 친구가 전화로 소식을 전했을 때 나는 일생일대의 기회를 얻은 것에 축하 인사를 건넸다. 그는 행복해하면서도 새로 맡은 중임이 힘에 부칠까 봐 두려워했다.

전화를 끊고 나서 나는 내가 수년간 터득한 몇 가지 노하우를 메일에 적어 그에게 보내야겠다고 생각했다. 마침내 발송된 메일의 제목은 "청하지 않은 충고를 받으시겠습니까?"였다. 풍자적인 의미였다. 그 메일에는 관리자로 일한 여러 해 동안 나에게 도움이 되었던 19가지 비법이 담겨 있었다.

그때부터 나는 지인들이 관리직으로 승진할 때마다 이 메일을 복사해서 보냈다. 관리하는 팀이 얼마나 큰지는 중요하지 않았다. 팀원이 1명이든 100명이든 메일의 내용은 늘 똑같이 청하지 않은 조언 19가지였다. 수십 명에 이르는 내 친구와 동료가 이 메일을 받았다.

메일의 내용은 수년이 흐른 지금까지 거의 변하지 않았으며 관리직에 있는 한 언제나 요긴하게 써먹을 수 있다. 게다가 누구에게나 통한다. 나의 맨 마지막 조언은 다음과 같다.

모든 일에 고맙다고 말해라. 말 그대로 다른 사람들이 하는 일과 그 일에 들인 시간에 항상 고마움을 전해라. "그 일을 해 줘서 고마워요. 쉽지 않은 일이었는데 놓치지 않았네요. 정말 수고했어요"라고 말함으로써 직원들이 느끼는 업무 스트레스를 덜어 줄 수 있다.

《리더십 게임》에 담긴 대부분의 내용은 이 청하지 않은 19가지 조언에 살을 보탠 것이다. 하지만 이 책의 출발점은 마지막 조언, 즉 동료들에게 고마움을 표현하는 단순한 행위라는 사실을 잊지 말길 바란다.

이 책을 꼭 읽어야 하는 사람

미디어, 마케팅, 광고, 판매, 홍보, 프로젝트 관리, 소프트웨어 공학, 스타트업, 정당, 자선단체, 비영리단체, 기타 등등 창의력이 조금이라도 필요한 업계에서 일하는 사람이라면 누구나 이 책을 읽어도 좋다. 또한 소매, 식품, 식당, 제조업 같은 결과 지향적인 산업에 종사하는 사람들을 위한 책이기도 하다. 즉 팀을 감독하는 사람, 팀원들의 성과에 따라 나에 대한 평가가 달라지는 사람이라면 꼭 읽어야 할 책이다.

다시 말해 이 책은 팀을 관리할 때 알아야 할 모든 것을 담은 짧고 쉬운 지침서다. 한 번도 아랫사람을 둬 본 적 없는 신규 관리자나 하루아침에 너무 큰 팀을 맡게 된 이들을 겨냥한 책으로, CEO 레벨까지 올라가는 과정에서 도움이 될 만한 조언들을 모두 담았다.

이 책의 구성

나는 신규 팀장들의 필요에 꼭 맞기를 바라는 마음으로 이 책을 구성했다. 독자 중에는 지금껏 인사 관리 업무를 해 본 적이 없다가 이번에 첫 승진을 한 사람도 있겠고, 잠깐 관리자로 일해 보긴 했지만 정식으로 교육을 받은 적이 없어 이참에 배워 봐야겠다고 생각한 사람도 있을 것이다. 아니면 내 메일의 첫 주인공처럼 커리어 최대의 리더십 시험대에 오른 사람도 있을 것이다. 걱정 마라. 이 책은 기본적으로 어느 상황에서나 통용되는 조언을 담고 있다.

《리더십 게임》은 단순한 내용, 다시 말해 당장 알아야 할 기본적인 사항들로 시작한다. 이를테면, 새 직무를 맡은 첫날 무엇을 어떻게 해야 하는지 같은 것이다.

그런 뒤에는 점차 경험이 쌓이면서 맞닥뜨리게 되는 보다 복잡하고 심도 있는 문제들을 다룬다. 한 예로, 팀의 실적을 올리는 일은 시일이 걸리니만큼 여러 장에 걸쳐 그 방법을 설명했다.

마지막에는 회사 전체에 영향을 줄 수 있는 전략적 문제를 데이터를 이용해 해결하는 법 등 보다 중요하고 개념적인 문제들을 다룬다.

이 책을 읽는 방법

나는 미국 인터넷 미디어 〈악시오스〉의 글쓰기 양식에 많은 영향을 받았다. 〈악시오스〉 에디터들이 "똑똑한 간결성"이라고 부르는 이 문체는 소제목, 글머리 기호, 목록을 자주 활용한다. 기사를 쓸 때 기존의 서술 방식을 따르는 대신 주요 내용을 논리적 순서에 따라 한데 모아 제시하는 방식이다. 길이 또한 대체로 짧은 편이다.

똑똑한 간결성의 목적은 독자의 시간을 최대한 절약하면서 가능한 한 많은 정보를 전달하는 것이다. 이 책도 마찬가지다. 그때그때 참고하고 싶을 때 관련 내용을 쉽게 찾을 수 있도록 각 장을 짧게 구성하고 소제목과 목록을 많이 넣었다.

내키지 않는데 억지로 완독할 필요 없다. 시간에 쫓긴다면(또는 굳이 시간을 내고 싶지 않다면) 각 장 마지막에 간추려 놓은 10초 요약정리만 읽어도 좋다.

전체 구성은 네 가지 큰 주제 안에 비슷한 내용을 다루는 장들을 엮어서 연관 내용을 빠르게 넘겨 찾을 수 있도록 했다. 그러니 목차 순서에 구애받지 말고 읽기를 바란다.

이 책에서 다루지 않는 내용

대다수의 관리 지침서는 길고 지루하다. 그렇게 되지 않도록 나는 의도적으로 짧게 쓰려 노력했다. 이 책은 영감을 주기보다는 실질적인 도움이 되는 매뉴얼로, 일상적으로 활용할 수 있는 유용한 조언이 가득하다.

- ○ 더 나은 리더가 되도록 당신을 돕는 책이지만, 리더십의 신화적인 자질에 대해 말하지는 않는다.
- ○ 성공에 한발 더 나아가도록 돕는 책이지만, 개인적인 성공을 다룬

자기계발서는 아니다.

○   영감을 주는 경영서와는 거리가 먼 책이다.

이 책의 내용은 아주 단순하다. 즉, 내가 맡은 팀이 성공을 향해 갈 수 있도록 허튼짓하지 않고 최대한 빠르고 효과적으로 사람들을 관리하는 방법을 알려 준다. 지금까지 한 번도 누군가를 관리해 본 경험이 없는 사람에게 특히 더 도움이 될 것이다.

이 책을 읽어 줘서 고맙다.

※주의※

이 책에 등장하는 이야기는 전부 실화다. 분명히 밝히자면 그중 대다수는 인사이더에서 일어난 일이 아니다. 대부분 나의 커리어 초창기에 일어난 일들이다. 어떤 일들은 친구들에게서 들은 것이고, 내가 그곳에서 함께 일한 것은 아니지만 관련자들을 나도 알고 있다. 일화 중에 심각한 잘못을 저지른 사람이 등장하는 경우도 종종 있기 때문에 예전 동료들을 보호하기 위해 이름과 장소, 시간 등의 상세 정보를 바꿨다.

I   리더의 키워드

팀장 1일 차를
완벽하게 보내는 법

축하한다! 당신은 이제 관리자가 되었다. 오늘이 이 일을 맡은 첫날, 즉 1일 차다. 제일 먼저 무엇을 해야 할까?

관리자로 임명되는 경우는 대개 상급자가 빠지면서 하급자가 중요한 직책을 맡게 될 때다. 좋은 회사들은 거의 언제나 숨 돌릴 틈 없이 바쁘다. 많은 일이 일어나고, 정신이 없다. 경쟁도 치열하다. 그러던 어느 날 누군가 회사를 나간다! 그러자 상사가 당신을 부른다. **"자네가 한번 이 팀을 이끌어 보겠나?"**

그 말인즉슨 급여가 오르고 화려한 직함을 갖게 된다는 뜻이다. 당연히 당신은 제안을 받아들인다.

승진을 하면 곧장 힘든 일을 떠안게 될 공산이 크다. 첫날부터 팀을 이끌어야 한다는 기대를 받을 테니 승진의 기쁨을 만끽할 시간도 없을 것이다. 오늘 당장 끝마쳐야 하는 일이 있다. 또한 사람들을 조직하고 마감 기한을 맞추고 매출도 내야 한다. 관리자가 처음이라면 당장 대책이 필요할 것이다.

다음은 어떻게 하면 1일 차를 잘 보낼 수 있는지 보여 주는 좋은 예다.

"일은 좀 어때요?"

몇 년 전, 한 친구가 소셜미디어 사용자들에게 뉴스 콘텐츠를 연결해 주는 앱을 개발 중인 무명의 기술 스타트업 회사에 합류했다. (당사자들이 얼굴을 붉히지 않도록 회사명은 밝히지 않겠다.) 샌프란시스코에 소재한 소규모 회사였고, 50명쯤 되는 직원들이 3명에서 6명씩 팀을 이루고 있었다. 직원들은 블룸버그 스타일로 모두 같은 층의 탁트인 사무실에서, 똑같은 크기의 책상에 앉아 일했다. 개인 사무실에서 일하는 사람은 아무도 없었다. 모두가 다른 사람들이 하는 일을 보거나 들을 수 있었다.

그중 한 팀은 다른 팀들보다 더 컸다. 팀원이 8명이었고 폴이라는 사람이 팀장이었다. 모두가 폴의 팀을 회사에서 가장 잘나가는 팀이라고 생각했다. 그 팀은 회사의 심장이었다. 앱의 새로운 기능은 대부분 그 팀에서 만들었고, 대부분의 새로운 사용자가 그 기능들 덕분에 유입되었다. 그들은 유능한 직원의 완벽한 전형이었다. 회사에서 가장 큰 팀인 만큼 가장 시끄러웠고 CEO로부터 가장 많은 관심을 받았다. 그들은 선두를 달리고 있었다. 그들이 가볍게 주고받는 농담의 양만으로도 그 사실을 알 수 있었다.

내 친구(캐스린이라고 하자)는 그 회사에서 가장 작고 존재감 없는 팀에서 일하고 있었다. 캐스린을 포함해 3명으로 이루어진 그 팀은 중심부에서 멀리 떨어진 곳, 사무실 가장자리 쪽 구석에 벽을 보고 책상이 놓여 있었다. 그래서 경영진은커녕 동료들의 관심도 거의 받지 못했다.

몇 달 후 CEO가 캐스린을 불러 폴의 팀을 맡아 보겠느냐고 물었다. 폴은 다른 프로젝트를 맡게 되었다고 했다. 당연히 캐스린은 승낙했다. 엄청난 승진이었다.

하지만 CEO가 그에게 말하지 않은 사실이 있었으니, 바로 일부러 팀장을 그 팀의 팀원 중에서 뽑지 않았다는 것이다. CEO는 다른 사람이 팀을 이끌기를 바랐다.

캐스린은 팀을 맡고 얼마 지나지 않아 이 팀에서 실제로 무슨 일이 벌어지고 있는지 알게 되었다. 분명 이 팀에는 일을 잘하는 고성과자들이 있었다. 하지만 실적이 몇 주째 하락세였고, 이렇다 할 상품을 내놓지 못하고 있었다. 팀은 표류하고 있었다. 그러나 평판이 워낙 좋은 팀이었기 때문에 아직 아무도 이 사실을 몰랐다.

결국 캐스린은 팀을 더 키우기 위해 승진한 게 아니었다. 이 팀을 구하기 위해 승진한 것이었다.

그러니 우선 회사 최고의 팀이 어쩌다 이렇게 헤매게 되었는지 알아내야 했다. 캐스린은 팀원을 하나하나 불러 면담을 시작했다. 면담 시간은 한 사람당 30분씩 안배했다. 가끔은 편하게 얘기할 수 있도록 스타벅스로 갔고, 어떤 때는 다른 직원들의 책상에서 멀리 떨어진 회사 입구의 응접실 소파에 쪼그리고 앉아 얘기를 나눴다.

첫 면담자는 데이브였다. 캐스린이 데이브를 첫 순서로 정한 이유는 데이브의 책상이 폴이 앉았던 자리 바로 맞은편에 있었기 때문이다. 데이브는 폴의 통화 소리, 업무 중 대화 소리를 모두 들을 수 있을 만큼 물리적으로 폴과 가장 가까이서 일한 사람이었다. 그러니 문제가 어디 있는지도 알고 있을 터였다. 그러면 틀림없이 필요한 정보를 빠르게 줄 수 있을 것이라고 캐스린은 생각했다.

대화가 시작되었다. "일은 좀 어때요?"

"도대체 무슨 일이 일어나고 있는지 알고 싶을 뿐이에요." 데이브가 대답했다.

"그게 무슨 말이죠?"

"말 그대로예요. 일이 어떻게 돌아가고 있는지 모르겠어요. 아무도 얘길 안 해요. 전체적인 상황이 어떤지, 무엇을 목표로 나아가야 하는지 말이에요. 어둠 속에서 일하는 기분이라고요."

"폴 맞은편에서 일했잖아요. 그런데 어떻게 그걸 모를 수 있죠?" 캐스린이 물었다.

"폴은 아무것도 말해 주지 않았어요." 데이브가 대답했다.

캐스린은 할 말을 잃었다. 매일 상사 바로 옆에서 일하는 사람이 회사의 계획이 뭔지 모른다니, 도저히 있을 수 없는 일처럼 느껴졌다.

개인 플레이가 더 이상 통하지 않을 때

나머지 팀원들을 면담하면서 캐스린은 이게 데이브만의 문제가 아니라는 사실을 알게 되었다. 이 팀은 내부적으로 완전히 흩어진 상태였다. 다 같이 주간 회의를 하지도 않았고, 폴은 팀원들에게 마감기한이나 목표에 관해 말해 주지 않았다. 팀 캘린더를 이용해 다른 팀원들의 프로젝트를 공유하는 일도 없었다. 어떤 팀원들은 혼자 일하면서 다른 사람의 일에 전혀 관여하지 않았고, 어떤 팀원들은 둘씩 짝지어 일했다. 폴은 한 번도 팀원들에게 장기적인 비전을 알려주지 않았다. 그저 그때그때 상황을 봐 가며 즉흥적으로 지시를 내렸으며, 체계 없이 무작위로 긴 대화를 주고받는 식으로 일했다.

즉 폴은 자비로운 무정부 상태로 팀을 이끌었다. 작은 팀에서는 문제 될 일이 아니었다. 폴의 팀은 팀장인 그를 포함해 네다섯 명일 때 큰 성과를 냈다. 그러자 CEO가 팀원을 더 보충해 주었다. 그런데 팀원이 8명으로 늘어나자 문제가 생기기 시작한 것이다.

폴은 팀원들이 하고 싶은 대로 하게 놔두고 좋은 결과가 나오기를 기대했다. 그런데 지금 팀 분위기는 혼돈 그 자체였다. 도대체 무엇이 잘못된 것일까?

5명의 법칙

이 질문에 대한 답은 100여 년 전에 발표된 연구 논문에서 찾을 수 있다. 1913년, 막시밀리앙 링겔만이라는 프랑스 농업공학자가 기이한 현상을 발견했다. 농장 인부들에게 장시간 동안 최대한 힘을 끌어모아 줄다리기를 해 보라고 했더니, 개별적으로 줄다리기를 할 때보다 팀으로 할 때 힘을 덜 쓴다는 결과가 나왔다. 투입되는 인원이 많아질수록 1명이 줄다리기에 쓰는 힘은 줄어드는 경향을 보였다. 링겔만은 팀원이 늘어날수록 구성원 간 커뮤니케이션이 목표를 달성하는 데 방해 요소로 작용해 팀 전체의 효율성을 떨어뜨린다는 이론을 제시했다.

이때부터 링겔만 효과는 팀이 커질수록 초심과 조직력이 사라지는 이유를 설명하려는 수많은 사회과학자에 의해 자주 거론되었다.

두세 명밖에 없는 작은 팀에서는 커뮤니케이션이 별일 아니다. 팀장이 원하는 게 무엇인지가 명확하고, 일대일 대화를 통해 지속적으로 지시를 전달할 수 있다. 어쨌거나 팀원 한두 명과 마음을 맞추는 일은 어렵지 않다. 오해의 여지가 거의 없다. 하고 싶은 말을 별 어려움 없이 빠르게 팀원들에게 전달할 수 있다.

하지만 팀 구성원이 5명을 넘어가면 문제가 나타나기 시작한다. 1972년 매사추세츠대학교 심리학 교수 아이번 D. 스타이너는 5인 팀에 1명을 더하는 순간 효율성이 떨어지고, 구성원이 늘어날수록 팀 실적이 실제로 나빠진다는 사실을 발견했다. 1970년대 하버드대학교 심리학 교수였던 J. 리처드 해크먼은 스터디 그룹을 구성할 때 6명을 넘기지 못하도록 했으며, 최적의 팀 구성원 수는 4.6명이라는 연구를 발표했다.

이후 4.6명이라는 통계 수치는 오랜 세월 경영심리학의 전설이 되었다. 〈포춘〉과 〈포브스〉는 4.6명이 팀의 생산성을 높이는 최적의 인원이라고 보도했다. (4.6명인 팀을 만들려면 당연히 사람을 토막 내야 하는데, 이상하게도 이 사실을 언급한 연구 논문은 하나도 없다.) 따라서 5명이 마지노선이다. 5명까지는 아주 이상적이다. 6명이 되는 순간 문제가 불거질 조짐이 보인다.

아마 다들 이런 현상을 직접 겪어 봤을 것이다. 4명이 함께하는 저녁 모임에서는 모든 사람이 한데 섞여 같은 대화에 참여한다. 한 사람이 말하면 나머지는 그 사람의 말을 분명하게 알아들을 수 있다. 하지만 한 테이블에 6명 이상 앉아 있으면 서너 명씩 찢어져 서로 다른 대화를 나누게 될 가능성이 크다. 8명이 모이는 자리라면 물리적인 거리는 얼마 되지 않아도 테이블 이쪽에 앉은 사람과 저쪽에 앉은 사람이 전혀 다른 경험을 하고 있을 것이다.

바로 이것이 폴의 문제였다. 저녁 모임에 8명을 초대해 놓고서 여전히 테이블에 손님이 4명만 앉아 있는 것처럼 굴었던 것이다.

첫날 반드시 해야 할 일

캐스린이 맞닥뜨린 또 다른 문제는 팀원들이 모두 자기보다 경력이 더 길다는 것이었다. 그는 팀장이었지만, 엄밀히 말하면 팀에서 아는 것이 가장 적었다. 이는 부자연스러운 일이었다. 팀원들이 그를 존중할 이유가 없지 않은가. 오히려 분개해야 마땅했다. 캐스린이 팀장이 됐다는 말은 원래 팀원 중 누구도 승진 제안을 받지 못했다는 뜻이니까.

이 문제를 무시하는 것은 말도 안 되는 일이었다. 이럴 때는 보통 솔직함이 최선의 방책이기 때문에 캐스린은 정면 승부 하기로 마음먹었다. 데이브와 면담할 때 그는 이렇게 말했다. "알아요, 다들 나보다 이 업계에서 경험이 많다는 거. 그래서 업무 지시를 하기 전에 모두에게 조언을 구하고 싶어요. 어떻게 하면 이 팀이 잘 돌아갈까요? 우리가 뭘 더 해야 할까요?"

그러고 나서 캐스린은 반대로 질문했다. "이 팀이 잘못하고 있는 일은 뭔가요? 어떤 지점에서 실패한 거죠? 우리가 무엇을 그만둬야 할까요?"

이 질문에 데이브는 훨씬 더 의미심장한 답을 주었다. 캐스린은 메모하며 데이브의 이야기를 들었다. 그리고 이 팀이 다시 궤도에 오를 수 있도록 지금 새로 세우고 있는 팀 계획에 그의 조언을 활용하겠다고 말했다.

당신은 관리자로서 팀원 하나하나에게 이와 같은 질문을 해야 한다. 다음은 어떤 조직에서나 구성원들에게 물어볼 수 있는 **아주 유용한 질문** 두 가지다.

  ○ 무엇이 효과가 있는가?
  ○ 무엇이 그렇지 않은가?

생산적인 일을 늘리고 아무 성과도 없는 일을 그만두면 모든 문제는 해결된다.

좋은 질문이 당신을 리더로 만든다

이 두 가지 질문에 대한 답은 당신에게 무척 유용한 정보가 될 것이다. 팀원들은 다른 어느 누구보다 더 빠르고 효율적이고 생산적으로 일하는 방법을 알고 있다. 회사가 돈을 아끼기 위해 할 수 있는 사소한 조치까지 다 알고 있다. 하지만 이러한 비밀, 즉 이토록 값진 정보는 관리자가 굳이 물어보기 전까지는 안전한 곳에 묻혀 있다. 따라서 이에 관해 묻는 것이 당신의 일이 되어야 한다. 그러면 1일 차가 끝났을 때 새로운 팀장으로서 당신은 다음과 같은 이점을 얻게 될 것이다.

- 팀원이 누군가가 자신의 말을 듣고 있다고 느끼게 된다. 이는 대단히 중요한 요소다.
- 팀원이 자신의 미래를 결정하는 계획에 스스로 영향을 미치고 있다고 느끼게 된다. (그러면 팀원들의 승낙을 받아 내는 일도 더 쉬워진다.)
- 팀원으로부터 얻은 좋은 아이디어를 효과적인 계획으로 바꿔 눈에 띄는 성과를 끌어낼 수 있다. 팀원에게 무엇을 해야 하는지 물어보는 것만으로도 유용한 정보를 수없이 얻어 낼 수 있다. 이 정보가 당신의 미숙한 부분을 보완하는 데 도움이 될 것이다.

팀원들이 말하는 일을 다 하라는 얘기가 아니다. 그건 말도 안 된다. 상사는 당신이다. 무엇을 하고 무엇을 하지 않을지는 당신이 판단해야 한다.

결국 폴이 떠난 팀에 가장 필요했던 것은 조직화였다. 캐스린은 주간 회의 자리를 마련해 새로운 아이디어를 구상하고 새롭게 도전할 프로젝트를 기획했다. 또한 팀원들의 성과를 매달 꾸준하게 측정했고, 그 데이터를 통해 모든 팀원이 자신이 어디에 서 있는지, 얼마나 더 가야 할지 알도록 했다. 그뿐 아니라 모두가 동시에 동일한 메시지를 받을 수 있도록 전체 메일을 전송했기 때문에 업무에 혼선이 없었다. (다들 업무 메일을 기피한다는 것은 알지만 때로는 그렇게 해야만 한다!) 몇 달 후 캐스린의 팀은 성과를 내고 다시 정상 궤도로 돌아왔다.

10초 요약정리

- 새로 맡은 구성원들과 일대일 면담을 해라.

- 팀원에게 무엇이 효과가 있는지, 회사가 더 해야 할 일은 무엇인지 물어라.

- 팀원에게 무엇이 문제인지, 어떤 일을 그만둬야 하는지 물어라.

- 앞으로의 계획에 팀원들의 조언을 활용하겠다고 말해라.

- 팀원들의 계획을 나의 계획으로 바꿔라.

- 대면 미팅이든, 메일이든, 팀 회의든 모든 수단을 동원해 팀원들과 주고받는 커뮤니케이션의 양을 늘려라.

- 5명의 법칙을 명심해라. 부하 직원을 5인 이하의 여러 팀으로 나눌 수 있다면 그렇게 해라.

- 3인 팀을 구성할 수 있다면 더더욱 좋다. 3인 팀은 정말 잘 돌아간다.

- 관리자로 출근하는 첫날, 팀원들에게 점심 식사를 대접해라. 서로 관계도 쌓고 팀원들 간의 이상기류도 원만하게 해결할 수 있다.

02

평범한 사람이
리더십을 발휘하는 법

관리자의 일 중 가장 어려운 것이 리더십을 발휘하는 일이다. 대부분의 사람들은 자기가 **타고난** 리더라고 생각하지 않는다. 하지만 부하 직원이 단 하나밖에 없더라도 당신은 (그게 무엇이든) 리더십을 보여 줄 필요가 있다.

리더십은 지나치게 과장된 개념이다. 이 단어는 리더가 사람들을 고무시키는 전설적인 인물이어야 한다는 뜻을 내포하고 있다. 이를테면, 전장을 지휘하는 장군, 설교가, 처칠이나 케네디, 사회운동가 타라나 버크나 작가이자 연설가 엘리프 샤팍처럼 보통 사람은 상상할 수 없을 만큼 용감하거나 언변이 좋은 인물 말이다.

할리우드 영화에서는 상사가 부하 직원들을 격려할 때 책상에 올라가 연설하는 장면이 자주 연출된다. 모두가 환호한다! 사람들이 허공 위로 주먹을 불끈 쥔다! 한껏 고무된 사람들이 머리 위로 물건을 던지며 기뻐한다!

그러나 현실에서는 이런 일이 일어나지 않는다. 확실히 리더십에는 퍼포먼스적인 면이 있지만 그것도 과유불급이다. 매일같이 임시연단에 올라 "해봅시다!"를 외치는 상사를 직원들이 반길 리 없다.

그런 의미에서 도미노피자 체인점의 전 회장인 패트릭 도일은 우리에게 생각할 거리를 던져 준다.

솔직함은 언제나 통한다

2009년 말, 그간 비밀에 부쳤던 도미노피자 체인점의 비디오 시리즈가 유튜브에 올라왔다. 도미노의 초점집단 인터뷰(제품이나 서비스가 주요 타깃층으로 삼는 인구를 표적으로 소수의 인터뷰이를 구성하여 집중적인 대화를 통해 원하는 정보를 찾아내는 방법—옮긴이)를 담은 이 영상은 자사 제품에 대한 소비자들의 의견을 모니터하기 위한 활동이었다. 이 인터뷰는 안에서 무슨 일이 일어나는지 아무도 알 수 없도록 창문 없는 방에서 진행되었으며, 양면 거울 반대편에 숨겨 놓은 카메라로 내부를 촬영했다. 이 영상 기록은 회사 극비 사항이었다.

비디오 시리즈는 잔인했다. 소비자들은 도미노피자에 질색했다. 한 비디오에서 어떤 여성은 "도미노피자 크러스트는 식감이 두꺼운 종이 같아요"라고 말했다. 또 다른 소비자는 "소스 맛이 케첩 같아요"라고 말했다. "내가 먹어 본 최악의 피자"라고 답한 사람도 있었다.

인터뷰 참가자 중 한 명이었던 에이드리언이라는 여자는 도미노 직원들에게 피자가 뭔지 알고는 있냐며 일침을 날렸다. 영상 속의 그는 분노의 표정을 지으며 어이없어 했다. "피자요? 그 맛있는 게 어디로 간 거죠? 빵, 소스, 치즈, 신선한 재료들은 있는데 도미노피자에서는 별맛이 느껴지지 않네요."

경영진들은 비디오를 보고 경악했다. 마케팅 이사 캐런 카이저는 인터뷰 내용을 검토하다가 말했다. "이건 심각하네요. 먹어 본 피자 중 최악이라니."

비디오를 본 제품 담당 책임자 메러디스 베이커는 목이 멜 지경이었다. "보고 있기 힘드네요." 그가 말했다. 소비자들은 도미노피자를 어느 것 하나 좋아하지 않았다. 소스도, 치즈도, 빵도 별로였다. 크러스트의 품질 얘기는 반복적으로 나왔다. "식감이 두꺼운 종이 같다는 평이 주를 이루는 군요." 도미노 홍보 임원인 필 로젠이 침울하게 말했다.

비디오는 경영진이 이미 인지하고 있던 문제를 확인하는 것에 지나지 않았다. 매출은 큰 폭으로 떨어졌고, 회사는 지난 2년간 15퍼센트의 수익 손실을 보았다. 도미노와 전 세계 9,000개의 프랜차이즈 지점은 천천히 붕괴되고 있었다.

회장 패트릭 도일은 특단의 조치를 내리기로 결정했다. 소비자들의 부정적인 평가가 담긴 유인물을 미시간주 앤아버에 소재한 사무실 전역에 발송하기로 한 것이다. "밋밋하고 인위적인 모조품 피자." "크러스트가 문제인 것 같았다." 유인물에는 이런 감상평이 적혀 있었다.

도일 회장은 사내 조리사들에게 회사의 주력 제품을 맨 처음부터 다시 만들라고 주문했다. 맛있는 피자를 위해 조리장들은 10가지 크러스트 종류를 새롭게 만들었다. 소스도 15가지를 새로 개발했다. 또한 수십 가지 새로운 치즈를 평가했다. "직원들이 주말까지 반납하고 밤낮없이 일했습니다." 도일 회장은 말했다.

이러한 사실이 알려진 이유는 2010년 초에 도미노가 피자를 재출시하면서 처참한 내부 평가 비디오를 광고 캠페인으로 전환했기 때문이다. 도미노는 자사의 과거 허물을 홍보 내용으로 내세웠다. 바닥을 치고 회복 중인 알코올중독자처럼, 도미노는 용서를 구하며 다시 한번 기회를 달라고 요청했다.

작전은 효과가 있었다. 사람들은 도미노의 솔직함에 매료되었다. 거의 즉각적으로 매출이 16.5퍼센트 반등했다. 도미노 주가가 다시 성장세로 돌아서며 폭등했다. 지난 2년간 1주당 10달러도 안 되던 주식이 갑자기 2배가 되더니 3배로 뛰었다. 거기서 또다시 3배가 뛰었다. 이 글을 쓰는 시점에 도미노의 주가는 1주당 530달러.

팀원을 지지한다는 것

도미노피자의 재기 캠페인은 역사상 가장 대담하고 이례적인 재출시 사례로, 유례를 찾아보기 힘들 정도다.

물론 대대적인 조정이 필요한 상황이기도 했다. 모든 재료를 바꾼다는 것은 공급 물품을 싹 다 바꿔야 한다는 의미였고, 조리법을 바꾼다는 것은 9,000개에 이르는 가맹점이 모두 새 조리법을 위한 새로운 지침을 숙지해야 한다는 뜻이었다. 피자가 출시된 후에는 배달 상자를 하나하나 다시 디자인했다. 도미노는 재기 시점에 약 18만 명을 고용해 한 사람 한 사람에게 회사의 성공을 도울 색다른 일을 시도하라고 요청했다.

여기서 끝이 아니다. 도미노가 발표한 후속 비디오에는 도일 회장이 고객이 형편없다며 돌려보낸 피자 사진을 액자로 만들어 들고 있는 모습이 나온다. 사진 속 피자는 배달 상자 뚜껑에 납작하게 눌려있어서 먹을 수 없는 상태였다. 도일 회장은 카메라를 보고 엄숙히 맹세한다. "이건 용납할 수 없습니다. 미네소타에 사는 브라이스 씨, 이런 도미노피자는 세상에 나와서는 안 됩니다. 이건 도미노답지 못한 피자입니다."

이어서 도미노 직원들이 브라이스를 포함한 불만족 고객들, 다시 말해 신랄한 온라인 리뷰를 썼던 사람들을 추적하는 모습이 나왔다. 한 비디오에는 도미노 팀이 빌 존슨이라는 고객을 집까지 몰래 따라가는 모습이 담겼다. 도미노 직원들은 "빌 존슨 씨, 이제 우리의 새로운 치즈 맛에 푹 빠지게 될 거예요!"라고 적힌 전단지를 동네에 도배했다. 수세에 몰린 존슨은 결국 화를 누그러뜨리고 현관문을 열어 문간에 놓인 무료 피자를 맛보았다. 물론, 평가 결과는 대만족이었다.

이 캠페인은 독특한 아이디어로 유명한 광고 에이전시 크리스핀 포터 앤드 보거스키에서 기획한 것이다. 비즈니즈에서는 영리한 마케팅이 큰 부분을 차지한다. 영리한 마케팅은 가치 있는 기술이다. 게다가 마케팅 내용은 진짜였다. 간부들은 자사의 피자가 쓰레기라는 것을 인정했다. 실제로 모든 것을 내다 버리고 맨땅에서 다시 시작했다. "우리는 제대로 된 피자를 만들기 위해 처음부터 다시 시작했습니다." 마케팅 이사 카이저의 말이다.

하지만 이 캠페인의 진정한 묘미는 직원들이 신제품을 지지하고 발전시켜 나가는 모습을 지켜보는 것이다. 출시할 피자가 결정되자, 직원들은 하루빨리 세상에 제품을 소개하고 싶어 했다.

이 사례는 바람직한 리더십의 몇 가지 자질을 압축해 보여 준다. 마지막으로 도미노의 재기 프로젝트를 기본적인 사항 위주로 요약하려 한다. 변화가 시급한 회사에 어떤 리더십이 필요한지 보여 주는 훌륭한 예이기 때문이다.

○ 자사 제품에 심각한 문제가 있음을 인정했다. 그리고 상황이 저절로

나아지기를 그저 바라고만 있지 않았다.

○ 직원들과 대중에게 문제가 얼마나 심각한지 투명하게 밝혔다.

○ 문제를 해결할 계획을 생각해 냈다. 그 계획은 명확하고 대담하면서도 쉽게 이해되었다.

○ 재기 프로젝트에 투입될 추가 업무량을 솔직하게 밝혔다. 직원들은 밤낮없이 주말에도 일하며 제품을 맨 처음부터 다시 만들었다.

○ 직원들에게 제품을 개선할 재능과 능력이 충분히 있다고 믿었다. 또한 직원들에게 주력 제품을 마음껏 다시 만들 자유를 주었다.

○ 사람들이 도미노의 신제품을 좋아할지 알 수 없는 상황에서 엄청난 위험을 감수했다.

○ 프로젝트를 지지했고, 직원들을 암묵리에 옹호했으며, 회사와 제품을 비판으로부터 지켜 냈다. 상사가 뒤에서 받쳐 주고 있다는 사실을 직원들이 아는 것은 중요하다. 아마 2010년에 도일 회장은 전 세계 그 어느 CEO보다 인터뷰를 많이 했을 것이다.

○ 중요한 전략적 목적이 존재했다. 도일 회장은 회사의 가장 큰 단점이었던 끔찍한 평판을 주요 자산으로 바꿔 놓았다.

○ 첫 평가 비디오는 회사로서는 당혹스러운 내용이 아닐 수 없었지만, 경영진은 예전의 도미노에 과감히 선을 긋고 지난날의 과오가 더 이상 발목을 잡을 수 없도록 과거의 문제로 한정했다. 이렇게 앞으로 나아감으로써 도미노는 새롭게 출발하는 새로운 회사가 되었다.

도일 회장이 한 그 어떤 말도 특별히 고무적이지는 않았다. 그는 탁월한 연설가가 아니었다. 활달한 성격도 아니었고 카리스마를 뿜어내지도 않았다. "한 가지 더^{One more thing}"라는 문구로 청중을 놀라게 한 애플의 스티브 잡스처럼 검은색 터틀넥 티셔츠를 입고 무대 위로 걸어 올라가지도 않았다. TED 강연을 한 것도 아니었다. 비디오에 등장한 도일 회장은 명품 양복이나 실크 넥타이가 아닌 폴로셔츠를 입고 있다. 톰 울프의 소설 《우주의 주인들^{Masters of the Universe}》에 나오는 영웅보다는 영락없이 사무실 옆자리에 앉아 있는 사람처럼 보인다. 옆집에 산다 해도 눈여겨보지 않을 인상이다.

하지만 도일은 훌륭한 계획을 세웠고, 명료하게 제시했다. 직원들에게 헛소리를 하는 대신, 회사 전체를 위한 명확한 목표를 정했다. 그리고 그 일을 지지했다. 이것이야말로 바람직한 리더십의 모습이다. 누구나 발휘할 수 있는 리더십이다. 물론 당신도 할 수 있다.

10초 요약정리

- 리더십은 습관적 행위들의 집합일 뿐이다. 개인의 강렬한 매력으로 불러내는 신비한 기운이 아니다.

- 헛소리는 금물이다. 팀원들은 명료하고 솔직하게 업무 지시를 해 주기를 원한다. 투명하게 보여 줘라.

- 팀원들은 당신에게 계획이 있는지, 있다면 그 계획이 무엇인지 알고 싶어 한다. 또한 자신들의 업무가 의미 있는 결실을 맺기를 원한다.

- 미루지 마라. 팀원들은 우리의 결정을 기다린다. 결정은 빨리 내릴수록 좋다. 어려운 결정은 특히 그렇다. 결정을 내리지 않거나 속 터질 만큼 느리게 대응하는 것은 형편없는 상사가 되는 지름길이다.

- 좋은 리더는 시장이나 환경이 불리하게 돌아갈 때 재빨리 전술과 전략을 바꾼다. 지금 변화를 선택해라.

- 아랫사람들이 하는 일을 지지해라. 그들을 믿고 옹호해라.

- 직원들이 해결책을 찾고 문제를 해결하고 새로운 아이디어를 생각해 낼 수 있도록 최대한 자유를 허용해라.

- 될 때까지 해라. 잊지 말자. 자기가 뭘 하고 있는지 아는 관리자는 아무도 없다. 그저 최선을 다하며 그게 정상인 것처럼 행동해라.

03

꺼내기 어려운 말을
쉽게 하는 법

도미노피자 일화는 팀장이 된 당신이 팀원들에게 지금까지와 다른 주문을 하는 일이 얼마나 힘든지 보여 주는 매우 분명한 사례다. 완전히 새로운 피자를 만드는 것은 기본적으로 도미노 임직원들이 지난 30년간 해 온 관행을 전부 부정하는 것이다. "새로운 피자가 필요합니다"라는 경영진의 지시는 직원들에게 "피자를 지지리도 못 만드는군요"라는 말과 같으니까 말이다.

당신이 팀장으로서 겪는 문제는 팀원들에게 자주 변화를 요구해야 한다는 것, 그리고 그 일이 무척 힘들 수 있다는 것이다. "이런 새로운 일을 해보세요"라는 당신의 말이 그들에게는 "여러분이 지금까지 열심히 해 온 건 알 바 아니에요"라는 말로 들린다.

팀원들이 화를 내며 불만을 터트릴 수도 있다. 그들은 이렇게 반

문할지 모른다. "저는 그런 일을 하려고 회사에 들어온 게 아닙니다. 팀장님이 하라는 일은 다 했는데 뭐가 문제죠?" 관리자인 당신은 원망의 표적이 될 것이고, 유쾌한 일은 아닐 것이다. 내 경험상 회사 전체는 물론이고 하나의 팀, 단 한 명의 직원에게도 "변화가 필요해요"라는 말을 수월하게 하는 방법은 없다. 그러니 빙빙 돌리지 말고 솔직하게 말해야 한다.

또한 직원들이 변화를 거부할 때 따르는 대가를 알려 줘야 할 때도 있다.

넷플릭스 CEO의 제안을 거절한 대가

어떤 천재가 새로운 것을 개발해 세상을 변화시켰다는 감동적인 혁신 신화는 비즈니스 언론에 자주 등장한다. 그렇다면 반대로 발 빠른 변화에 실패한 사람들에게는 어떤 일이 일어났을까?

내가 가장 좋아하는 변화 실패 사례는 비디오 대여 회사 블록버스터Blockbuster다. 대부분의 사람이 이 회사가 인터넷 때문에 강제 폐업했다고 생각하는데, 실은 그렇지 않다. 블록버스터는 제 아집에 무릎 꿇은 것이다.

2000년, 블록버스터는 영화 대여 업계를 지배했다. 저녁에 보고 싶은 영화가 떠오른다면 방법은 하나뿐이었다. 동네 블록버스터 체인점까지 운전해 가서 DVD나 VHS 실물 테이프를 빌리는 것이다. 전성기 때 블록버스터는 전 세계적으로 9,000개의 점포와 약 8만 명의 직원을 두었다. 블록버스터의 주식시장 가치는 50억 달러가 넘었다. 지난 10년간 미국과 영국에서 남녀노소 거의 모두가 블록버스터에서 대여한 비디오로 영화를 봤다. 월요일 오전에 잊지 않고 블록버스터에 비디오를 반납하는 일은 매주 하는 흔한 일과 중 하나였다.

이 지점에서 이런 생각이 드는 사람도 있을 것이다. "하지만 그때는 인터넷이 모든 걸 바꿔 놓을 때잖아!"

사실 2000년에 인터넷은 블록버스터에 변화의 바람을 일으킬 준비가 되어 있지 않았다. 당시 웹은 여전히 걸음마 단계에 있었다. 대부분의 웹 사용자는 전화회선을 이용해 인터넷에 접속했고, 이 회선은 영화를 재생할 만큼 빠르지 못했다. 또한 상당수의 인구가 인터넷 전용회선을 보유하지 않았을 뿐 아니라, 비디오를 재생할 수 있는 휴대폰을 가진 사람은 아무도 없었다.

그해에는 넷플릭스도 블록버스터 같은 실물 비디오 대여 업체에 불과했다. 두 회사의 유일한 차이점은 넷플릭스가 우편을 이용한 DVD 주문 및 반납 서비스를 제공하고 기한도 넉넉하게 준 반면, 블록버스터는 고객을 점포로 직접 오게 했다는 것이다. 전하는 이야기에 따르면, 넷플릭스 창업자 리드 헤이스팅스는 1990년대 후반에 기한이 지난 블록버스터 비디오를 반납하고 고액의 연체료를 문 데에 분개해 창업 아이디어를 얻었다고 한다.

하지만 저서 《규칙 없음》에 따르면 2000년도에 헤이스팅스는 절박했다. 넷플릭스는 적자를 크게 내고 있었다. 헤이스팅스는 회사가 얼마 버티지 못할 것이라고 생각했다. 그래서 댈러스에 있는 블록버스터 본사에 연락해 CEO인 존 안티오코와 미팅을 주선해 달라고 간청했다. 이 미팅에서 그는 넷플릭스를 5000만 달러에 팔겠다고 제안했는데, 블록버스터 규모의 회사에겐 푼돈이나 다름없었다. 대신 조건은 헤이스팅스가 블록버스터 닷컴을 새로운 온라인 비디오 대여 서비스로 발전시키는 데 힘을 보태는 것이었다. 인터넷 환경이 아직 비디오를 재생할 만큼 좋지 못했지만 곧 그렇게 될 것이라고 그는 장담했다. 그러나 안티오코의 대답은 거절이었다.

넷플릭스는 이 숙명적인 미팅 이후 7년이 지날 때까지 온라인 스트리밍 서비스를 출시하지 못했다. 블록버스터는 그때까지 온라인 서비스를 개발할 시간과 자본이 있었지만 하지 않았다. 2007년, 넷플릭스는 실물 DVD를 온라인 스트리밍 서비스로 탈바꿈하는 데 성공했다. 결국 영화를 시청하기에는 자동차를 끌고 비디오 대리점을 왔다 갔다 하는 것보다 인터넷을 이용하는 것이 더 나았다. 이 글을 쓰고 있는 지금, 넷플릭스의 가치는 3억 달러다. 블록버스터는 2010년에 파산했다.

블록버스터가 무너진 것은 인터넷이 아니라 아집 때문이었다. 증거가 뭐냐고? 블록버스터는 넷플릭스에만 패권을 빼앗긴 게 아니었다. 1990년대 초반에 케이블 및 위성 TV 회사들은 수백만 가정의 셋톱박스에 연결된 기존 고속 인터넷 선을 통해 다양한 주문형 비디오^{VOD} 선택권을 제공하기 시작했다. 타임워너, AT&T, 다이렉트 TV, 그리고 그 외 6개 업체들은 시청자들이 편하게 소파에 앉아 영화를 감상할 수 있게 해 주는 게 승리의 공식임을 모두 알아차렸다. 블록버스터는 1993년경 이 회사 중 하나를 인수할까 생각했지만 그 생각을 밀고 나가는 대신, 점포를 늘려 나갔다. 다른 말로 하면, 블록버스터는 불어오는 두 가지 변화의 바람을 앞에 두고 헛발질을 했다.

오늘날 스트리밍 비디오 서비스 산업은 전체적으로 매년 900억 달러에 가까운 매출을 올린다. 이 서비스를 제공하는 업체는 수십 개에 이른다. 넷플릭스가 유명하긴 하지만 세계를 제패하려면 멀었다. 만약 블록버스터가 1993년부터 2007년까지 14년이라는 시간 동안 케이블이나 인터넷 비디오 서비스를 하나라도 인수했다면 이렇게 망하는 일은 없었을지 모른다.

다시 한번 말하지만, 블록버스터 이야기는 인터넷이 모든 것을 바꾼 사례가 아니라 아집이 실패를 부른 경우다.

변화가 아니면 죽음을 달라

우리는 직원들이 업계의 속성과, 변화에 실패할 때 도사리고 있는 위험을 이해할 수 있도록 큰 그림을 그려야 한다. 성공은 마법처럼 저절로 이루어지는 게 아니다. 성공은 도깨비방망이로 뚝딱 만들 수 있는 게 아니다. 성공에는 노고와 실험이 따른다.

단순히 자기가 한 일이라서 그 일이 훌륭하다고 믿는 것은 매우 흔한 현상이다. 많은 사람은 자신이 하는 일이 본래부터 가치 있다고 확신한다. 회사가 월급까지 주면서 시키는 일인데 틀림없이 그렇지 않겠는가? 베테랑 직원들은 자신이 오랜 시간 공들인 프로젝트가 보잘것없는 결과를 낸다는 사실을 인정하기 힘들어 한다.

구성원들이 주어진 업무만 하려고 하고 새로운 사업을 거부한다면 그 팀 또는 회사는 순식간에 길을 잃을 수 있다. 사람들이 아무 변화 없이 매일 똑같은 일을 할 때 관성과 타성이 찾아든다. 회사의 경쟁력 지수는 새로운 일을 얼마나 빨리 실행할 수 있는가로 판단할 수 있다. 조직은 외딴섬이 아니기에 늘 경쟁자들에 둘러싸여 있다. 변화에 저항하는 회사는 얼마 안 가 변화를 기회로 보는 경쟁사들에게 위협을 받을 것이다.

변화는 힘들다. 불편하다. 고될 뿐만 아니라, 지금까지 한 일이 수포로 돌아갔고 따라서 이제 새로운 것을 시도해야 한다는 사실도 인정해야 한다. 어느 것 하나 유쾌한 게 없다. 하지만 변화하는 것이 생업을 잃는 것보다는 낫다. 그러니 변화에 회의적인 직원들에게 진실을 말해 주는 게 좋다. 모든 것은 변한다. 따라서 그들도 변해야 한다.

- ○ 기술은 변한다.
- ○ 시장도 변한다.
- ○ 고객들도 변한다.
- ○ 경쟁사들도 변한다.
- ○ 공급업체, 도급업체 같은 제휴업체들도 변한다.

도로 먼지 속에서 블록버스터 DVD를 손에 쥐고 지금껏 이렇게 해 왔기 때문에 아무 일 없을 거라고 우기고 싶은 사람은 아무도 없을 것이다. 변화는 힘든 일이기 때문에 당연히 불안해하는 직원도 있을 것이다. 당신은 부드럽되 단호할 필요가 있다. 하지만 결국엔 솔직해야 한다. 변화가 찾아올 때마다 질겁하는 건 도움이 되지 않는다. 그래서는 변화에 대처할 수 없다. 변화는 성가신 일이지만 블록버스터 비디오 신세가 되는 것보다는 낫다.

절대적 아군을 만들어라

실제로 어떤 직원들은 변화를 사랑한다. 변화는 새로운 기회를 가져올 뿐만 아니라 새로운 기술을 배우는 계기가 된다. 도미노가 재기하는 동안 억장이 무너진 조리사들 중에는 짜증과 불만이 가득한 사람도 있었겠지만, 더는 쓰레기 소리를 듣지 않을 피자를 만들 수 있다는 사실에 감사하는 사람들도 있었을 것이다. 블록버스터 직원들은 일자리를 잃었지만, 온라인 비디오 스트리밍 회사들을 위해 소프트웨어를 개발하고 새로운 프로그램을 제작하는 넷플릭스, 아마존, HBO 같은 회사에서 일할 기회가 대폭 열렸다.

이 사실을 받아들여라. 이런 직원들을 격려해라. 이들은 변화를 이해하고, 모퉁이를 돌면 무슨 일이 기다리고 있을지 기대하는 사람들이다. **성장형 인재**와 **열정적 인재**, 다시 말해 새로운 것을 창출하고 싶어 하고 거기에 도달하기 위해 기꺼이 노력하는 사람들은 변화를 받아들일 것이다. 당신에게 필요한 사람들이 바로 이런 이들이다.

10초 요약정리

- 변화는 대대적인 조정이 필요할 만큼 어려운 일이다.

- 당신이 직원들에게 변화를 요구하면서 "이런 새로운 일을 해보세요"라고 말할 때 그 말이 많은 직원에게는 "여러분이 지금까지 열심히 해 온 건 내 알 바 아니에요"라는 말로 들린다. 변화를 요청받은 직원들은 분노하며 좌절할 수 있다.

- 이런 반응에 당신이 할 수 있는 일은 도미노 회사처럼 변화의 타당성을 반복해서 들려주고 미래의 계획을 보여 주는 것밖에 없다. 시간이 흐르면 저항도 수그러들 것이다.

- 직원들에게 어떤 변화가 따라올지 사실과 다름없이 솔직하게 밝혀야 한다. 직원들이 업계의 속성과, 변화에 실패할 때 도사리고 있는 위험을 이해할 수 있도록 큰 그림을 그리는 게 좋다.

- 직원들에게 진실을 말해라. 그들이 변화에 질겁하는 것은 도움이 되지 않는다. 그래서는 변화에 대처할 수 없다.

- 변화는 성가신 일이지만 생업을 잃는 것보다는 낫다.

04

무조건 통하는
소통법

내가 처음 인사이더에 입사해 관리한 팀은 팀원이 단 3명이었다. 에디터인 나, 그리고 리포터 2명. 3인 팀을 관리하는 일은 쉬웠다. 우리는 서로 옆자리에 앉았고, 책상 너머로 얘기를 주고받았다. 커뮤니케이션에 문제가 없었기 때문에 거기에 크게 신경 쓰지 않았다. 그 결과 우리는 변화를 쉽게 받아들였다. 새로운 것을 받아들여야 하면 아무 어려움 없이 그렇게 했다. 작은 팀은 이와 같이 돌아간다. 소통이 원활하기 때문에 변화가 쉽다.

인사이더의 영국 사업 개시를 위해 뉴욕에서 런던으로 건너왔을 때 나는 함께 일할 12명쯤 되는 직원을 급히 고용했다. 그리고 나자 황당한 일이 일어났다. 내가 업무 지시를 내려도, 예를 들어 "정오에 웹사이트 메인페이지를 업데이트해 줘요!" 같은 간단한 지시를 내려도 업무가 제대로 처리되지 않았다.

그래서 다음 날 다시 요청했다. "매일 정오에 메인페이지를 바꾸세요!"

아무 일도 일어나지 않았다.

셋째 날에는 더욱 단호하게 말했다. "메인페이지요! 바꾸라고요! 정오에! 제발요!"

그제야 우리 팀은 웹사이트 메인페이지를 정시에 바꾸는 것도 업무의 일부라는 걸 마지못해 수긍하고 마침내 그렇게 했다.

전에는 한 번이면 충분했는데 지금은 왜 세 번씩이나 요청을 해야 하는지 나는 이해할 수 없었다.

팀원이 업무를 이행하지 않을 때

아마 이런 짜증 나는 상황의 가장 극단적인 예는 시카고 시장 로리 라이트풋의 일화일 것이다. 시카고는 270만 명이 사는 도시로, 시 소속 직원만 3만 5,000명이다. 시카고 시장이 하는 일은 지방자치를 이끌어 가는 시장보다는 소국의 대통령이 하는 일에 더 가깝다. 업무의 상당 부분이 주민이나 로비스트, 정치적 동지나 적을 만나고, 대도시가 계속 굴러가게 하는 각종 위원회에 계속해서 참석하는 일이다. 이처럼 시장의 일정은 엄청나게 빡빡하다.

라이트풋은 행정직 직원들에게 혼자서 사유하며 글을 쓰고 시카고를 위한 장기 계획을 세울 수 있도록 매일 일정에 개인 업무 시간을 꼭 넣어 달라고 재차 요청했다.

안타깝게도, 직원들은 시장을 만나고 싶어 하는 사람들의 압박에 못 이겨 라이트풋의 개인 업무 시간을 확보하는 데 자주 실패했다 (고 그는 생각했다).

참다못한 그는 결국 폭발하고 말았다. 그는 분통을 터트렸다. 그는 다음과 같이 악명 높은 메일을 썼다.

"난 매일 개인 업무 시간이 필요하다고요! 난 매일 개인 업무 시간이 필요하다고요! 난 매일 개인 업무 시간이 필요하다고요! 난 매일 개인 업무 시간이 필요하다고요! 난 매일 개인 업무 시간이 필요하다고요! 난 매일 개인 업무 시간이 필요하다고요! 난 매일 개인 업무 시간이 필요하다고요! 난 매일 개인 업무 시간이 필요하다고요! 난 매일 개인 업무 시간이 필요하다고요! 난 매일 개인 업무 시간이 필요하다고요! 난 매일 개인 업무 시간이 필요하다고요! 난 매일 개인 업무 시간이 필요하다고요! 난 매일 개인 업무 시간이 필요하다고요! 난 매일 개인 업무 시간이 필요하다고요! 난 매일 개인 업무 시간이 필요하다고요! 난 매일 개인 업무 시간이 필요하다고요!"

그 메일에는 똑같은 문장이 열여섯 번 연속으로 적혀 있었다.

"일주일이나 며칠에 한 번이 아니라 매일 말이에요!" 그 다음 줄에는 이 문장이 열 번이나 적혀 있었다.

그러고 나서 다음 문장이 다섯 번 반복되었다. "즉시 반영하지 않으면 매일 일방적으로 일정을 취소할 겁니다."

"이 정도 했으니 이제 내 말뜻 알겠죠?" (그는 이 문장을 열세 번 썼다.)

분명히 말하는데, 이건 바람직한 관리의 모습이 아니다. 결국 2021년 1월에 이 메일을 입수한 〈시카고 트리뷴〉은 1980년에 개봉한 공포 영화 〈샤이닝〉의 주연 잭 니컬슨에 라이트풋을 빗대어 기사를 썼다. 이 영화에서 니컬슨은 이성을 잃고 "일만 하고 놀지 않으면 우둔한 사람이 된다"라는 속담을 수백 장의 종이에 수천 번 타이핑하기 시작한다. 하지만 아무리 그렇다고 해도 6인 이상의 팀을 관리하는 팀장이 되어 보면 라이트풋의 마음이 조금은 이해가 갈 것이다.

같은 말을 스무 번 해라

나는 구글의 전 CEO 에릭 슈미트와 전 제품 수석 부사장 조너선 로젠버그가 주최한 런던의 한 세미나에서 "같은 말을 반복한다고 기도가 안 통하는 건 아니다"라는 말을 처음 들었다. 슈미트는 관리의 골자는 그저 같은 말을 하고 또 하는 것이라고 주장했다.

구글의 직원은 수만 명이다. 심지어 시카고시 직원보다 훨씬 더 많다. 라이트풋과 내가 겪은 문제를 슈미트 역시 겪었다. 그것도 훨씬 더 강도 높게 겪었다. "어떤 말이 상대에게 충분히 인식되기까지는 스무 번 정도의 언급이 필요하다." 슈미트와 로젠버그는 공저《구글은 어떻게 일하는가》에서 이렇게 말한다.

"몇 번 말해서는 사람들이 바빠서 인지조차 못한다. 몇 번 더 말하면 귓가에 희미하게 말소리가 맴돌기 시작한다. 말하는 사람은 완전히 넌더리가 나겠지만, 열다섯 번에서 스무 번쯤 말했을 때 비로소 사람들이 말을 알아듣기 시작한다."

스무 번이다!

학습의 원추 이론

관리의 핵심이 반복이라는 생각이 새로운 식견은 아니다. 1969년 교육학자 에드거 데일은 사람들이 구두로 전해 들은 정보 중 약 20퍼센트만 기억한다는 학습의 원추 모형을 주장한 것으로 유명하다. 그는 학습 방법에 따라 기억되는 내용의 정도를 피라미드로 시각화한 학습 모형을 제시했다. 피라미드 맨 상단은 읽기로, 약 10퍼센트만 기억된다고 한다. 그 아래는 듣기로 20퍼센트가 기억되고, 맨 하단은 실습으로 90퍼센트가 기억된다. 데일의 학습의 원추에 따르면, 수업 시간에 학생들에게 실습 과제를 주는 것이 일방적으로 정보를 전달하는 것보다 더 효과적인 교수법이다.

데일의 이론은 교수법에 많은 영향을 끼쳤다. 대학에서는 일반적으로 듣기 위주의 강의가 소량만 기억된다고 가르친다. 따라서 꼼꼼히 필기하고 과제를 충실히 하는 게 최고의 학습법인 것이다.

학습의 원추를 관리에 적용해 보면, 내가 한 번 말할 때마다 직원들이 20퍼센트만 기억하므로 100퍼센트 기억하게 하려면 다섯 번 정도 말하면 된다는 뜻이 된다.

그런데 그거 아는가? 이후 데일이 내세운 학습의 원추 이론이 완전히 틀렸다는 사실이 밝혀졌다. 20퍼센트 통계를 입증하는 연구는 전혀 없었다! 데일이 제시한 비율은 그냥 지어낸 것이었다.

하지만 3인이 넘는 팀의 관리자가 되고 나면 그 말이 진실처럼 느

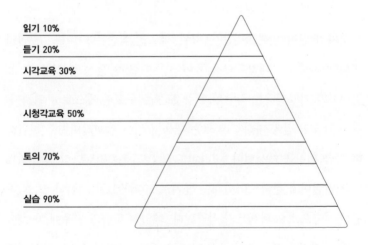

에드거 데일의 학습의 원추

껴진다. 한 번 내린 지시를 내리고 또 내리는 일이 많이 생길 것이다. 처음에는 뭔가 이상하다는 생각이 든다. "왜 직원들이 내 말을 듣지 않는 거지? 왜 내가 하는 말을 무시하는 거야?"

거기에 익숙해져라. 팀장인 당신이 잘못해서 그런 게 아니다. 팀원들이 선택적 망각을 해서도 아니다. 그저 관리 인원이 늘어날수록 커뮤니케이션이 복잡해지는 것뿐이다.

다시 한번, 5명의 법칙

팀원이 나를 빼고 단 2명뿐이라면 책상 앞에 앉아 담소도 나눌 수 있고 모두가 한마음 한뜻으로 일할 수 있다.

하지만 팀원이 5명이 되면 커뮤니케이션이 힘들어진다. 5명의 법칙이 시작되는 것이다. 당신이 어떤 지시를 내릴 때 멀리 앉아 있는 사람은 듣지 못할 수 있고, 어떤 사람은 식사하러 나간 상태일 수 있다. 또 어떤 사람은 클라이언트나 정보원을 만나는 중일 수 있다. 구성원이 5명을 넘어가면 갑자기 같은 시간에 동일한 내용을 전달하는 일이 더는 간단한 대화를 나누는 것처럼 단순한 일이 아니게 된다.

팀이 커질수록 문제의 정도도 심화된다. 팀원이 6명을 넘어가면 당신을 보조할 부관리자가 필요해진다. 이제 당신이 해야 할 커뮤니케이션을 부관리자에게 위임하고 그가 팀원들에게 전달 사항을 똑같이 전하도록 믿고 맡기게 된다. 이때, 여러 사람을 거칠수록 전달되는 내용이 조금씩 달라지는 어린이들의 전화 놀이처럼 팀원들은 상사의 말을 해석하는 과정에서 길을 잃는다.

그래서 당신이 말한 내용과 팀원들이 들은 내용이 다를 수 있다. 가령, 당신이 팀원들과 A와 B라는 두 가지 옵션을 두고 의논하고 있다고 치자. 당신은 관리자로서 그중 하나를 선택하는 결정을 내려야 한다. 당신이 "나는 A가 좋군요"라고 말하면 팀원 중 절반은 '팀장님은 B를 싫어해!'로 들을 공산이 크다. 하지만 당신은 B를 싫어하지 않는다. B 옵션도 꽤 괜찮지만 그저 이번에는 적합하지 않다고 생각할 뿐이다. 그럼에도 어떤 직원들에게는 당신이 B를 끔찍이 싫어하는 사람이 된다.

그러니 반복해서 말하는 습관을 들여야 한다. 나는 B를 싫어하지 않는다. A가 더 적합한 것 같아서 A를 고른 것뿐이다. 하지만 모두가 그 사실을 깨닫기까지는 오랜 시간과 잦은 언급이 필요할 수 있다.

규모가 더 큰 팀이나 회사에서는 타성과 혼란도 나타난다. 사람들은 하루 종일 여러 부서에서 메일이나 요청을 받기 때문에 업무의 효율을 위해 많은 양의 메시지를 무시하게 된다. 상사, 인사과, 법무인, 부서장, 고객, 친구, 동료들의 요구에 일일이 응하면서 본인의 업무 일정까지 맞추기란 불가능하기 때문이다.

그래서 자신도 모르게 쉬운 길을 택하게 된다. 상사의 새로운 지시가 내려오면 그 업무와 다른 업무들 중 어느 게 더 시급한지 저울질할 뿐만 아니라 본인 대신 다른 동료가 그 일을 처리할 가능성까지 따져 본다. 공동의 책임이 있는 일은 막연히 다른 사람이 할 거라고 기대하기 마련인데, 바로 이런 이유 때문에 업무 처리가 제대로되지 않는 것이다.

당신은 고장 난 레코드처럼 몇 번째인지 모를 정도로 수도 없이새로운 계획을 되풀이해 말하게 될 것이다. 여기서 명심할 점은 이메시지를 지겹도록 듣고 있는 사람은 당신뿐이라는 사실이다. 대다수 직원은 회의 대부분에 참석하지 않았고, 수신하지 못한 메일도많으며, 우리가 끝까지 자리를 지킨 대다수의 프레젠테이션을 본 적도 없다. 그들에게는 새로운 이야기다.

질적 목표와 양적 목표를 모두 말해 줘라

직원이 많을수록 직원들 간의 소통 방식도 다양해진다. 슬프게도,내 나이가 나이인 지라 1990년대 중반에는 업무가 어떤 식으로 돌아갔는지 알고 있다. 내가 처음 신문사에서 일할 당시에는 메일도,음성 메시지도 없었다. 동료와 소통하려면 얼굴을 보고 얘기하는 수밖에 없었다. 신속하게 일을 처리하기 위해 자기 자리에서 사무실 전체에 다 들리도록 고함을 지르는 건 당연한 일이었다. 신문 업계에서 속도는 생명이기 때문이다. 동료들에게 큰 소리로 의사를 전달하는 것이 가장 빠르고 확실하게 업무를 처리하는 방법이었다. 또 모두가 당연하게 받아들이는 일반적인 관행이었다. 우리가 고함을 지르는 건 (대개는) 화가 나서가 아니었다. 그저 쉬운 방법이었기 때문이다. "어이, 제니퍼! 경찰들한테 들었는데 패터슨 시내에 불이 났대! 지금 당장 거기로 촬영기사를 보내!" 이런 식이었다.

그런데 요즘은 하루 종일 소리치는 일이 용납되지 않는 분위기다. 당연히 그렇지 않겠는가! 어떤 사람들은 나중에 다시 참고할 수 있게 메일로 지시받는 것을 좋아하고, 어떤 사람들은 대면 회의에서 구두로 지시받는 것을 선호한다. 또 어떤 사람들은 슬랙이나 회사 전용 메신저로 메시지를 받는 것을 선호하고, 어떤 직원들은 어릴 때부터 헤드폰 전용 환경에 길들여져서 다른 커뮤니케이션 방법을 모르기도 한다. 헤드폰을 끼고 일하는 직원들과 커뮤니케이션하는 것은 큰 난관이 될 수 있다. 그러므로 팀원이 6명이 넘는 팀을 관리하고 있다면 회사의 모든 소통 채널을 동원해 연달아 동일한 메시지를 보내는 게 좋다.

- ○ 회의에서 동일한 메시지 전달하기
- ○ 메일로 동일한 메시지 보내기
- ○ 회의실 화이트보드에 동일한 메시지 적어 놓기

- 동일한 메시지가 적힌 유인물 나눠 주기

- 사내 메신저로 동일한 메시지 보내기

이런 식으로 우리는 직원들 각자의 성향에 맞는 매체를 통해 모두에게 동일한 메시지를 전달할 수 있다. (헤드폰을 끼고 있는 직원들도 배제되지 않는다.)

똑같은 말을 하고 또 하다 보면 앵무새가 된 기분이 들 수 있다. 그것에 익숙해져라. 인내심을 가져라. 유조선은 급회전을 하지 않는 법이다.

관리자로서 우리의 일은 기본적으로 **커뮤니케이션**이 상당 부분, 아니 대부분을 차지한다. 사람들은 일이 어떻게 돌아가고 있는지 궁금해한다. 큰 그림이 무엇인지 알기를 바란다. 회사의 계획은 무엇이고, 리더인 당신의 계획은 무엇인지 알고자 한다. 또한 팀원들은 회사의 기준이 무엇이고, 팀장이 자신에게 무엇을 기대하는지 알고 싶어 한다. 자기가 어디에 잘 맞는지, 관리자가 생각하는 유능함은 어떤 모습이고 무능함은 어떤 모습인지 궁금해한다.

질문을 진짜로 허용해라

최악의 회사들은 때때로 연막전술이라는 관리 전략을 사용한다. 연막전술은 상대를 어둠 속으로 몰아넣고 갈피를 못 잡게 해야 한다는 신조에서 시작한다.

그러나 연막전술은 최악의 관리 전략이다. 절대 쓰지 마라. 연막전술을 예방하는 방법은 업무 처리 절차와 그 일을 해야 하는 이유를 편하게 물어보도록 팀원들을 격려하는 것이다. 직원들은 깜짝 놀랄 정도로 의도를 잘못 넘겨짚는다. 그도 그럴 것이 그들은 최악의 상황을 가정한다.

예전에 내 밑에서 일하던 기자가 나를 오해한 일이 있었다. 그는 파산 직전에 놓인 한 회사의 뒤를 캐내다가 그 회사의 홍보 담당자로부터 취재 결과를 기사화하지 말라는 강한 압박을 받았다. 그러면서 내가 그 홍보 담당자에게 자신의 취재 정보를 누설하고 있다고 확신했다.

취재 내용이 보도되면 그 회사는 심각한 피해를 입을 가능성이 컸다. 회사 창업자들은 새 투자금 유치를 위해 기존 투자자들을 설득하는 등 회사를 지키려고 안간힘을 쓰고 있었다. 하지만 투자자들은 회사의 부실한 운영 실태를 모르고 있었다. 그들은 이미 1400만 파운드(약 233억 원)를 투자했고, 투자금을 회수할 가능성은 희박했다. 따라서 우리의 보도로 회사의 실상이 낱낱이 밝혀지면 투자자들이 더 이상 투자할 엄두를 내지 못할 터였다. 설상가상으로 그 투자자 중 한 명은 잘 알려진 영국의 억만장자 부동산 거물이자 소송을 좋아하는 괴짜였다.

회사의 홍보 담당자는 매번 우리 기자와 통화를 하고 나면 곧장 내게 전화를 걸었다. 하지만 그 기자는 내가 자신의 상사이기 때문에 그런다는 사실을 깨닫지 못했다. 홍보 담당자는 우리 둘 사이를 오가며 이쪽저쪽을 떠보고 있었다. 우리를 이간질하고 직원을 괴롭히려는 심산이었다. (홍보 담당자들은 실제로 이런 식으로 일한다!)

이 작전은 성공이었다. 우리 팀 소속 기자는 내가 마수를 뻗쳐 자신의 특종을 막을지도 모른다는 불안을 느꼈다. 그는 이건 엄연한 배신이라며 내게 항의까지 했다.

하지만 실상은 정반대였다. 나는 그의 기사가 대특종감이라고 생각했기 때문에 하루라도 빨리 보도하고 싶었다. 그는 홍보 담당자가 이간질하고 있다는 사실은 꿈에도 몰랐다. 전모가 밝혀지자마자 검은 연막도 걷혔다. 단 한 번의 대화로 몇 주간 지속된 음울한 피해망상은 끝났다. 조금만 솔직하고 투명해지면 놀라울 정도로 일이 쉽게 풀린다. 그리고 예상했겠지만 우리는 그 기사를 보도했다.

10초 요약정리

- 늘 커뮤니케이션을 해라. 자주, 큰 소리로, 쉽고 분명하게 말이다. 사람들은 단순하고 명료한 지시를 좋아한다. 또 회사가 어떻게 돌아가고 있는지, 새로운 소식은 없는지 알고 싶어 한다. 팀원들에게 질적 목표와 양적 목표를 모두 말해 줘라.

- 메시지를 전달할 때 모든 채널을 동원해라. 사람들은 각자 선호하는 커뮤니케이션 수단이 다르다. 메일, 직접 대면, 사내 메신저, 게시판 등 모든 채널을 활용해라.

- 인내심을 가져라. 유조선은 한 번에 방향을 틀지 않는다.

- 팀원들의 말을 자주 들어라. 나는 적어도 일주일에 한 번 부하 직원들과 면담을 한다. 어떤 때는 짧게 15분으로 끝내고, 어떤 때는 1시간 동안 정말 심각한 문제를 파고든다. 그리고 일하는 동안 하루 종일 쉬지 않고 팀원들과 대화를 나눈다. 메일과 메시지도 무수히 보낸다. 이렇게 커뮤니케이션에 공을 들이는 것은 데이브의 불후의 명언을 빌리자면 "도대체 일이 어떻게 돌아가고 있는지" 모두가 알게 하려는 의도다.

- 같은 말을 반복한다고 기도가 안 통하는 건 아니다. 팀원들이 당신의 말을 마침내 이해하고 지시에 따르기까지 적어도 세 번, 많게는 스무 번까지 반복해서 말해야 할 수도 있다. 어떤 날은 자신이 앵무새가 된 기분이 들 것이다.

- 당신이 전하는 말과 사람들이 받아들이는 말은 다르기 때문에 반복이 필수다.

- 비밀은 금물이다. 가능한 한 투명하게 공개하려고 노력해라.

- 모든 일에 고맙다고 말해라. 말 그대로 항상 다른 사람들이 하는 일과 그 일에 들인 시간에 고마움을 전해라. 감사하다고 직접 소리 내어 말해라. "그 일을 해 줘서 고마워요. 쉽지 않은 일이었는데 놓치지 않고 했네요. 정말 수고했어요"라고 말함으로써 직원들이 느끼는 엄청난 업무 스트레스를 누그러뜨릴 수 있다.

II 리더의 우선순위

05

번아웃 없이
생산성 높이는 법

당신은 팀원들에게서 최선의 결과를 끌어내기를, 다시 말해 그들이 열심히 일해 더 나은 실적을 내도록 독려하고 결국 이 노력이 팀의 성과로 이어지기를 간절히 바란다. 또한 팀원들이 지속적으로 더 많은 결실을 이루기를 바란다.

문제는 팀원을 독려할수록 그 요청이 당사자에게는 암울하고 냉혹한 메시지로 들린다는 점이다. 다람쥐 쳇바퀴 돌 듯 일하고 싶은 사람은 아무도 없다. 그것은 번아웃을 부르는 지름길이다.

사람들은 대체로 열심히 일한다. 내 경험상 최소한의 일만 하며 농땡이를 피우는 직원을 만나기란 그리 쉽지 않다. 그리고 다행히 팀의 생산성을 높이는 법과 번아웃을 예방하는 방법이 정확히 일치한다. 다음은 그 두 마리 토끼를 잡기 위한 전략이다.

상시 업무 모드의 피해자

우선 왜 요즘은 일의 세계가 기력 소진의 원천처럼 보이는지 살펴보자. 인터넷이 실생활을 지배하기 전에는 일을 직장에서만 했다. 심지어 이메일이 생긴 초창기에도 메일은 회사 내에서만 사용했다. 컴퓨터도 사무실에만 있었다. 아무도 가정용 컴퓨터가 없었다. 상사가 집으로 전화를 거는 일도 없었다. (물론 유선전화 말이다!) 설령 상사가 전화를 건다고 해도 우리가 집에 없으면 전화를 받을 도리가 없었다.

일반적으로 저녁 퇴근 시간부터 다음 날 아침까지는 일 생각을 전혀 하지 않았다. 주말에는 일을 깡그리 잊었다. 휴대폰으로 메시지를 확인하는 일 따위는 없었다. 혹시라도 놓친 지시가 있는지 확인하려고 밤늦게 노트북을 켜는 일도 없었다. 비상 상황이 발생해도 다음 날 처리했다.

이때는 일과 사생활 사이에 엄격한 경계선이 있었다. 그러나 이제 그런 시절은 지나갔다. 오늘날에는 휴대폰으로 업무 메일을 보낼 수도 있고 개인 노트북이 여가용뿐만 아니라 업무용으로도 사용된다. 밤에 메시지를 즐겨 보내는 상사들도 많다. 이들은 직원들이 메시지에 즉각 반응하기를 바라는 게 아닐지도 모른다. 그저 다음 날을 미리 준비하려는 것뿐이다. 그런데 직원 중에도 밤에 메시지를 확인하는 것을 좋아하는 사람들이 많다. 이들도 한밤중까지 일하는 것이 좋은 게 아니라 그저 상사들처럼 다음 날을 미리 준비하고 싶은 것뿐이다.

결국 우리는 상시 업무 모드에 있게 된다. 어느 누구도 일에서 해방되는 심리적 틈새를 누리지 못한다. 이제는 집에도, 부엌 테이블에도, 호주머니에도 사무실이 있다. 번아웃은 인터넷과 스마트폰 사용의 직접적인 결과다.

나 또한 그 피해자다. 이 장을 쓰는 동안, 업무 확인을 위해 반사적으로 휴대폰을 체크하지 **않은** 때가 지난 한 주 동안 두 번뿐이었다.

○   동네 수영장에서 수영하고 있을 때

○   자고 있을 때

무의식 상태이거나 물속에 들어가 있을 때만 일 생각에서 벗어날 수 있다면 번아웃이 찾아오는 것은 자연스러운 일이다.

일반적으로 팀장이 업무 처리에 걸리는 시간을 지나치게 타이트하게 잡을수록 팀원들이 느끼는 번아웃은 더 심각해진다. 다음은 내가 번아웃을 줄이고 생산성을 높이기 위해 사용하는 몇 가지 전술이다.

급한 일과 중요한 일 중 뭐가 더 중요할까?

미국 전 대통령 드와이트 아이젠하워가 한 말로 알려진 유명한 인용구가 있다. "중요한 것이 긴급한 경우는 드물고 긴급한 것이 중요한 경우는 드물다." 하지만 역사가들과 연구자들이 조사한 바에 따르면 이 말은 아이젠하워가 다른 누군가에게서 듣고 1954년 일리노이주 에번스턴에 있는 노스웨스턴대학교에서 써먹은 것이다.

이 연설에서 아이젠하워는 다음과 같이 말했다. "제게는 긴급한 일과 중요한 일, 두 가지 문제가 있습니다. 긴급한 것은 중요하지 않고, 중요한 것은 긴급하지 않은 법입니다." 아이젠하워는 "어느 전직 대학총장"에게서 이 문구를 들었다고 전했지만 그게 누구인지는 밝히지 않았다.

그때부터 이 문구는 아이젠하워의 존경할 만한 업적에 힘입어 저절로 유명해졌다. 아이젠하워는 제2차 세계대전 당시 육군 장군으로서 1944년 노르망디상륙작전을 계획해 전쟁을 승리로 이끌었고, NASA 창설을 승인해 달 탐사 경쟁에 방아쇠를 당겼다. 또한 분리주의를 주장하는 미국 남부 학교들의 통합을 강화하고자 연방 병력을 보냈으며, 주간 고속도로 건설을 시작했다. 뿐만 아니라 1961년 고별사에서는 군산복합체의 개념을 생각해 냈다.

확실히, 아이젠하워는 생산적인 사람이었다. 그런 이유로 사람들은 엄청난 성취를 이룬 그의 놀라운 능력을 설명할 단서들을 찾기 위해 그의 생애를 샅샅이 연구했다. 심지어는 "중요한 것이 긴급한 경우는 드물고 긴급한 것이 중요한 경우는 드물다"라는 문구마저 의사 결정을 돕는 보조 도구로 바꿔 놓았다. 이 도구가 바로 아이젠하워 매트릭스다. 이는 할 일 목록을 만든 뒤 **중요도**와 **긴급도**에 따라 일의 우선순위를 매기는 방법으로, 중요도가 긴급도보다 우선한다. 우선순위는 다음과 같다.

- 긴급하고 중요한 일
- 중요하지만 긴급하지 않은 일
- 중요하지 않지만 긴급한 일
- 중요하지도, 긴급하지도 않은 일

당연한 얘기겠지만 우리는 1순위 일부터 해결하려고 한다. 그렇게 순차적으로 일을 처리하다 보면 곧 모든 일을 완수할 가능성이 점점 더 희박해진다는 사실을 깨닫게 된다. 괜찮다. 목록 아래쪽에 있는 사소한 일까지 완수하지 못한다고 신경 쓸 사람은 아무도 없다. 핵심은 가장 중요한 일들을 처리하는 것이다. (실제로, 사람들은 우리가 중요한 일을 잘 처리하지 못했을 때 주목한다!)

나는 할 일 목록의 맹신자다. 할 일 목록을 작성하는 것은 목록에 적힌 일을 모두 다 할 수는 없다는 사실을 스스로 인식하는 좋은 방법이다. 또한 그 자체로 자신과 팀을 위한 우선순위를 정할 수 있는 좋은 방법이다. 최우선순위 일을 먼저 끝내고, 덜 중요한 일들은 별 진전이 없더라도 걱정하지 마라.

우선순위를 매기게 해라

중요한 것은 팀원 모두가 우선순위를 정하게 해야 한다는 사실이다. 간혹 내가 팀원들에게 중요한 업무를 새롭게 던져 주면 이런 반응이 돌아온다. "다른 업무도 많아서 몸이 열 개라도 모자라요." 상사가 새로운 업무를 지시하면 우리는 모두 속으로 투덜거린다. '내가 지금 바쁘다는 걸 딱 보면 모르나?'

나는 직원들이 너무 바쁘다고 말하면 지금 하고 있는 일을 모두 말해 보라고 한다. 그 일들을 목록으로 쭉 적어 보면 예상대로 접시에 많은 것이 담겨 있다. 그럴 때 나는 이렇게 말한다. "자, 그럼 이제 우선순위를 정해 봅시다. 가장 중요한 일을 제일 먼저 하는 겁니다. 별로 중요하지 않은 일은 하지 않아도 괜찮아요. 아무도 신경 안 쓸 테니까요."

가장 덜 중요한 세 가지 일을 제거해 줘라

우선순위와 제거 기법의 매력은 매일 할 일 목록에서 맨 아래쪽 업무들이 자동으로 제거된다는 점이다. 내 손이 미치지 못하는 일은 없는 셈 치면 된다.

하지만 실제로 자신에게 어떤 업무를 처리하지 않을 권한이 있다고 느끼는 사람은 많지 않다. 그러므로 팀원들에게 기꺼이 우선순위를 매기고 사소한 일들을 제거하라고 확실히 못 박아 둘 필요가 있다. 나는 우선순위 결정이 얼마나 이로운지 강조하기 위해 이렇게 말한다. "자기 접시에 너무 많은 일이 담겼다고 생각하면 내가 가장 중요하지 않은 일 세 가지를 제거해 줄게요."

이 말이 사람들의 관심을 끈다. 팀원의 업무를 **없애 준다고** 말함으로써 실제로 그에게 유리한 쪽으로, 즉 일이 적어지는 방향으로 새로운 우선순위를 제시하고 있는 것이다.

심각하게 생각할 필요는 없다. 사람들에게 일을 더 주는 방법으로는 번아웃을 해결할 수 없다. 대신 사람들이 하고 있는 일에 우선순위를 매김으로써, 팀원을 교착상태에 빠뜨리고 있는 사소한 업무를 취소함으로써 번아웃을 해결하는 데 큰 도움을 줄 수 있다.

그런데 팀원들이 업무를 없애 주겠다는 내 제안을 정중하게 거절할 때도 있다. 사람들은 자신의 할 일 목록에 남이 손대는 걸 좋아하지 않는다. 무엇을 하지 않을지 남에 의해서가 아니라 스스로 결정하고 싶어 하는 것이다. 목록 위쪽에 있는 우선 과제들을 확실히 끝내고 아래쪽 과제들은 하지 않아도 괜찮다는 데 팀장과 팀원 모두 동의한다면 팀원 스스로 우선순위를 정하게 해도 괜찮다.

중요한 일만 할 권리를 줘라

사람들은 과로하고 있다는 사실을 말하려고 하지 않는다. 자기가 무능력자로 보일까 봐 걱정하는 탓이다. 그래서 더는 몸이 못 버틸 때까지 상사의 지시에 '예'라고 대답한다. 하지만 관리의 기본 설정값은 팀원들에게 끊임없이 새로운 일, 새로운 프로젝트, 새로운 문제를 맡기면서 처리하라고 요구하는 것이다. 상사인 우리는 대체로 일을 없애 주기보다는 더한다. 그러니 직원들이 최우선 과제에 집중하기를 바란다면 그들이 우리에게 이렇게 말할 권리를 줘야 한다. "일이 너무 많아요. 어떤 걸 더 원하시는지 우선순위를 정해 주시겠어요?" 그럼 당신도 어쩔 수 없이 팀원들에게 바라는 업무 우선순위를 합리적으로 조정하게 된다.

우선순위를 매기는 것은 양방향 도로와 같다. 당신도 팀원들에게 우선순위를 정하라고 요구할 필요가 있지만, 팀원들 역시 당신에게 그런 요구를 할 수 있어야 한다.

에이스의 일을 덜어 줘라

경영 업계에서 자주 듣는 냉소적인 말 중 하나는 "어떤 일을 끝내려면 바쁜 사람에게 그 일을 맡겨라!"다.

이 인용구는 1856년 영국, 랭커셔주와 맨섬 지역의 장학관이었던 W. J. 케네디 목사가 한 말로 전한다. 그의 보고서에서 나온 원래 문구는 다음과 같았다. "어떤 일이든 끝내고 싶은 일이 있으면 바쁜 사람에게 시켜야 한다."

끔찍한 조언이다. 당신이 F1 챔피언의 매니저라면 레이스가 시작되기 전에 선수에게 팀 동료들의 빨래를 시키진 않을 것이다. 그렇지 않겠는가? 당연한 얘기다. 이건 말도 안 된다. 매니저가 챔피언에게 바라는 것은 단 한 가지, 빨리 차를 모는 것이다. 그가 동료들의 유니폼 걱정을 하고 있어서는 안 된다.

따라서 당신의 우선순위 중 하나는 가장 생산적인 사람들의 할 일목록을 줄여 주는 것이다. 우리의 록 스타는 우리 팀을 목적지로 데려갈 사람이다. 고성과자들이 선두를 달리면 경력이 짧은 팀원들은 그들이 내는 성과를 보고 배울 것이다.

최고 성과자들은 일을 너무 잘하기 때문에 그들에게 더 많은 일을 맡기고 싶은 유혹이 들 것이다. 그래도 안 된다. 이들에게 활로를 열어 줘라. 이들이 가장 중요한 일에 집중하고 다른 잡무들은 신경 쓰지 않게 해라.

관리자인 당신도 마찬가지다. 당신도 최고 성과자들에게 집중해야 한다. 이게 바로 80 대 20 법칙이다. 사실 이건 법칙이라기보다는 격언에 가깝다. 이 개념을 관리자에게 적용하면, 20퍼센트의 직원에게서 80퍼센트의 결과를 얻어 낸다는 뜻이다. 정확히 80 대 20인지는 따질 필요가 없다. 그게 핵심이 아니다. 중요한 것은 분명 상위 20퍼센트의 직원이 팀 성과의 대부분을 내고 있는 것처럼 느껴질 거라는 사실이다.

이 말인즉슨, 최고 실적을 올리는 20퍼센트의 팀원들에게 시간을 훨씬 더 많이 투자해야 한다는 의미다. 그래야 당신에게도 최고의 결과가 따라올 것이다. 이 법칙에 따르면 실적이 낮은 직원에게 시간을 많이 써서는 안 된다. 이는 시간을 허비하는 것과 다름없다.

우선순위 정하기, 가장 중요한 일에 집중하기, 사소한 일 무시하기, 팀원들의 불필요한 일을 적극적으로 줄여 주기 등은 앞서 논의했던 주제, 즉 무엇이 효과가 있고 무엇이 그렇지 않은지 알아내는 일의 연장선이다. 이는 의도적인 작업이다. 리더로서 당신의 일은 이 과정을 꾸준히 반복하는 것이다. 효과가 있는 일에 집중하고, 상황을 지체시키는 일은 과감히 포기해라.

10초 요약정리

- 모든 팀원이 자신의 업무에 우선순위를 정하게 해라. 그리고 가장 중요한 일을 먼저 처리하게 해라.

- 별로 중요하지 않은 일은 끝내지 못해도 괜찮다고 말해라. 아무도 신경 쓰지 않는다.

- 업무량을 줄이는 것은 우선순위를 정하는 것과 같다.

- 사람들은 모든 일을 다 하려 들다가 번아웃을 겪는다. 가장 중요한 일만 하는 게 훨씬 더 중요하다.

- 모든 팀원의 할 일 목록에서 가장 중요하지 않은 세 가지를 제거해라.

- 상사에게 우선순위를 정해 달라고 요구할 권리를 팀원들에게 줘라.

- 80 대 20 법칙을 기억해라. 우리는 상위 20퍼센트의 직원에게서 80퍼센트의 결과를 얻을 것이다. 최고 실적을 올리는 20퍼센트의 팀원에게 시간을 더 투자해라.

- 하루 중 메일 전송 시간을 제한해라. 공식적인 업무 시간이 시작하기 전이나 끝나고 나서 팀원들에게 메시지를 보내지 않도록 주의해라.

- 자기 자신이나 팀원들을 위한 우선순위를 정할 때는 수기로 쓴 할 일 목록이 효과적이다.

06

직접 나서지 않고
팀원의 실적 올리는 법

이 책의 초반에서, 1일 차에 모든 팀원에게 무엇이 효과적이고 무엇이 그렇지 않은지 물어본 뒤 팀의 시간과 자원을 생산적인 부분에 집중 투자할 수 있게 계획을 세우고, 시간만 낭비하는 활동에서 의식적으로 멀어지라고 제안했다. 단 하나의 계획을 한 번만 세워도 된다는 바보 같은 생각은 하지 말자. 이 일은 당신이 매일 변함없이 지속하는 임무가 되어야 한다.

나는 이 과정에 **대박**과 **쪽박**이라는 이름을 붙였다. 팀원들과 함께 대박과 쪽박을 분석하는 회의를 정기적으로 하기를 권한다. 대박은 크게 성공한 일이다. 쪽박은 짐작했겠지만 실패한 일이다.

분석은 구체적으로, 칭찬은 공개적으로

이 정기 회의에서 팀이 일군 대박이 왜 성공했는지 한 사람씩 설명하는 시간을 빠뜨리면 안 된다. "저희는 이 프로젝트에 열심히 임했고 결국 큰 성과를 거뒀습니다"라는 말로는 충분하지 않다. 그 상품 또는 서비스가 인기를 끈 이유를 정확히 알고 그것을 숫자로 보여줘야 한다. 성공은 기적이나 믿음을 기반으로 만들어지지 않는다. 성공에는 구체적인 이유가 필요하다.

다른 회사에 없는 특별한 무언가를 제공하는 상품이었는가? 서비스가 경쟁사보다 더 저렴했는가? 경쟁사보다 우리 회사와 거래하는 것이 고객의 입장에서 더 쉬웠는가? 소셜미디어 활용 전략이 더 뛰어났는가? 마케팅 또는 홍보 전략이 더 빠르거나 재치 있었는가?

단순히 관리자가 좋은 아이디어라고 생각한다고 해서 그 아이디어가 탁월한 성과로 이어지지는 않는다. 결국 회사는 고객을 얻어야 한다.

어떤 상품은 인기를 끄는 반면 어떤 상품은 흔적도 없이 사라지는 데에는 무수한 이유가 있다. 팀원들은 어떤 일이 일어났고 왜 일어났는지 설명할 수 있어야 한다. 이 작업은 고객층에게 어떤 특징이 있는지 알려 줄 뿐만 아니라 이를 설명하는 과정에서 다른 업무에 적용할 수 있는 새로운 아이디어와 콘셉트를 얻게 해 준다. 새로운 아이디어는 그 자체로 중요한 가치가 있다.

또 이 시간은 당신과 동료들이 일궈 낸 새로운 성과에 박수칠 기회이기도 하다. "칭찬거리가 보이면 칭찬해라"라는 말은 이럴 때 사용하기 좋은 주문이다. 관리의 핵심은 팀원들이 높은 성과를 내도록 힘을 북돋아 주는 것이다. 일을 잘하는 직원이 있으면 잘한다고 말해라. 팀원이 자기의 직무 범위를 넘어서 성과를 내고 있다면 수고가 많다고 말해 줘라. 잘한 일은 자주 칭찬해라. 잘한 일이 보일 때마다 말이다. 인정과 감사는 작은 표현이라도 큰 효과가 있다. 모든 일에 **고맙다**고 말해라!

또한 잘한 일은 **공개적으로** 칭찬해야 한다. 탁월한 성과를 낸 직원이 있다면 팀 전체 메일을 보내거나 다른 팀원들을 참조에 넣어 CEO에게 칭찬 편지를 보내는 것도 괜찮은 방법이다. 팀원에게 잘했다고 말하는 것은 단순히 그 사람만 잘하고 있다고 인정하고 끝나는 일이 아니다. 이를 통해 다른 팀원들이 참고할 수 있는 기준을 확립할 수도 있다. 당신이 레베카라는 직원의 최근 프로젝트를 칭찬하면 그 모습을 본 다른 팀원들은 다음과 같은 부수적인 메시지를 받게 된다. "이런 게 일을 잘하는 겁니다. 레베카처럼 해 보세요." 이처럼 칭찬은 그저 칭찬에 그치지 않고 다른 사람들에게 모범 사례를 제시한다.

팀장에게 가장 중요한 사실이 있다. 모든 팀원의 성과를 정기적으로 검토하면, 어떤 패턴이 나타났다가 시간에 따라 변하는 모습을 볼 수 있다는 것이다. 당신이 리더로서 할 일은 직원들이 생산성을 높이고 성공하도록 돕는 것이다. 따라서 성공의 요인을 분명하게 밝혀내고 그 요인을 다른 팀원에게 똑같이 적용할 수 있는 능력을 갖추는 것이 대단히 중요하다.

눈에 잘 띄지 않는 일 또한 칭찬해라. 나는 야근하는 날 청소원들이 사무실을 돌며 휴지통을 비우는 모습을 유심히 지켜본다. 그리고 구겨진 종이와 오래된 샌드위치 포장지가 휴지통에서 비워질 때 얼마나 많은 사람이 청소원에게 "고맙습니다"라고 말하는지 살펴본다. 한 번도 100퍼센트였던 적은 없다. 어떤 사람들은 청소원에게 말을 건네는 걸 쑥스러워 하는 듯 보인다. 하지만 청소원이 없으면 사무실은 며칠 내로 쓰레기 매립지로 변하고 만다. 군대에는 장군만큼이나 군인들도 필요하다. 군인들이 없는 군대는 아무 힘도 못 쓴다. 그러니 군인들에게도 고맙다고 말하는 걸 잊지 마라.

모든 실패에는 확실한 이유가 있다

대박과 쪽박 분석 회의에서 각 팀원이 실패 요인을 직접 설명하는 일도 매우 중요하다. 어떤 제품이 고객에게 외면당한 것은 단순히 불운 탓이 아니다. 보통 시간이 지나고 나서 보면 실패작이 왜 실패작이었는지 알 수 있다. 가격이 너무 높았다거나 마케팅이 전문 용어로 가득해 효과적이지 못했다거나 또는 설명서가 헷갈리거나 별

도움이 되지 않았다거나 포장 상자 디자인이 지루했다거나 등등. 회의실에서 상품을 기획할 때는 훌륭한 아이디어처럼 보였겠지만 정작 현실에서는 그 상품을 필요로 하거나 흥미롭다고 생각한 사람이 별로 없었던 것이다.

다시 한번 말하지만, 무언가가 실패한 이유를 분명히 설명할 수 있다면 앞으로 그러한 실수를 반복하는 것을 의식적으로 피할 수 있다.

모든 사람은 성공에서 배움을 얻기를 바라지만, 흥미롭게도 우리에게 가장 많은 가르침을 주는 것은 실패다. 무언가가 효과가 없다는 사실을 빠르게 알아차리고 중단하는 것은 그 어떤 전술보다도 빠르게 팀의 생산성을 높이 끌어올려 준다. 바로 이런 이유로 성공 요인과 실패 요인을 집요하게 설명하는 일이 그토록 중요한 것이다.

대박과 쪽박 기법이 실적을 높인다

대박과 쪽박 기법이 효과적인 또 다른 이유가 있는데, 바로 수학적 접근법 때문이다.

평균의 원리를 살펴보자. 아마 고등학교 수학 시간에 평균 내는 방법을 배웠을 것이다. 어렵지 않다. 모든 데이터 점수를 더한 총합을 사람 수로 나누면 된다. 이때 산출되는 값이 그룹에 속한 모든 사람의 평균 실적이다.

평균값에는 최하점과 최고점도 포함될 것이다. 이제 직원들의 능력은 비슷비슷하지만 각기 판매하는 상품의 인기도가 천차만별이라고 가정해 보자. 만약 최하점을 기록한 직원을 판매율이 높은 상품 쪽으로 옮겨, 다시는 최하점을 받지 않게 한다면 자동적으로 팀 전체의 평균 실적이 올라가리라는 것은 자명한 사실이다.

다음은 이를 뒷받침하는 이론적 사례로, 굴욕적일 만큼 매우 단순하다. 그럼에도 평균의 원리와 이를 유리하게 활용하는 과정을 직감적으로 이해할 수 있는 좋은 예이므로 하나하나 차근차근 설명하려고 한다.

당신이 자동차 판매 대리점에서 노란색, 녹색, 빨간색 자동차를 판매 중이라고 가정해 보자. 당신 밑으로는 3명의 판매원이 있다. 톰, 딕, 해리엇이다. 톰은 노란색 자동차, 딕은 녹색 자동차, 해리엇은 빨간색 자동차 판매 담당자다. 또한 세 판매원은 영업력이 모두 동등하다고, 즉 이 팀에 쓸모없는 사람은 아무도 없다고 가정하자. 세 사람의 차이점은 판매하는 자동차 색상이 다르다는 것뿐이다.

영업 첫 달에 세 사람의 판매 실적은 다음과 같다.

= 10대

톰: 노란색 자동차 10대 판매

딕: 녹색 자동차 5대 판매

해리엇: 빨간색 자동차 3대 판매

총계: 18대(인당 평균 6대 판매)

자동차 판매 대리점 매출—첫째 달

어떤 상황인지 알겠는가?

빨간색 자동차는 고객들에게 인기가 없는 게 분명하다. 녹색 자동차도 그다지 인기를 끌지 못했다. 노란색 자동차만 대성공이다.

즉 노란색 자동차가 이 대리점의 대박이다. 빨간색 자동차는 쪽박이다. 여기에 점차적으로 대박과 쪽박 기법을 적용해 보자. 해리엇에게 노란색 자동차를 판매하게 하는 것만으로도 해리엇의 한 달 자동차 판매량은 10대가 될 가능성이 있다. 다음 달에 정말 그런 일이 일어난다면 그 결과는 다음과 같을 것이다.

톰: 노란색 자동차 10대 판매

해리엇: 노란색 자동차 10대 판매

딕: 녹색 자동차 5대 판매

총계: 25대(인당 평균 8.3대 판매)

자동차 판매 대리점 매출-둘째 달
: 가장 안 팔리는 자동차를 판매하는 직원에게 가장 잘 팔리는 자동차를 판매하게 한 후

지금은 톰과 해리엇이 모두 대박 프로젝트를 책임지고 있다. 그에 반해 딕이 판매하는 녹색 자동차는 쪽박처럼 보인다.

분명, 딕 역시 노란색 자동차 판매에 합류하면 평균이 훨씬 더 올라갈 것이다. 즉, 세 판매원의 인당 한 달 판매 실적은 10대가 될 것이다. 예전에는 18대였던 한 달 총 판매 실적이 총 30대로 상승하는

톰: 노란색 자동차 10대 판매

해리엇: 노란색 자동차 10대 판매

딕: 노란색 자동차 10대 판매

총계: 30대(인당 평균 10대 판매)

자동차 판매 대리점 매출—셋째 달
: 모든 직원에게 가장 잘 팔리는 자동차를 판매하게 한 후

것이다. 시작점을 기준으로 판매 실적이 67퍼센트 증가한 셈이다.

중요한 것은 **평균**과 **총계**가 직원을 더 채용하지 않고도 올라갔다는 사실이다. 당신은 직원들이 하고 있는 일을 바꿨을 뿐이다. 그저 해리엇과 딕에게 실적이 저조한 자동차(쪽박)를 그만 판매하고 실적이 좋은 자동차(대박)를 판매하도록 지시했다.

이번에는 당신이 하지 **않은** 일이 무엇인지 살펴보자. 당신은 해리엇이나 딕이 더 열심히 일하도록, 또는 더 빨리 일하도록 몰아붙이지 않았다. 직원 중에 작업 능률을 개선한 사람도 없었다. 새로운 기술을 개발하거나 새로운 전문 지식을 획득할 필요도 없었다. 단순히 저가치 직무에서 고가치 직무로 팀원을 옮기는 것만으로 바람직한 결과를 얻었다.

이것이 바로 대박과 쪽박 기법의 가치다. 이는 단순히 개인의 생산성을 높이거나 성공을 기념하기 위한 것만이 아니다. 물론 두 가지 모두 훌륭한 가치다. 하지만 핵심은 업무량이나 기술, 직원을 늘리지 않고도 팀의 평균 성과와 전체 실적을 자동으로 끌어올리는 효과를 누릴 수 있다는 것이다.

성과가 저조한 직무를 없애고 성과가 좋은 직무에 팀원들을 지속적으로 배치한다면, 그리고 대박과 쪽박 기법을 사용해 지금의 효자 상품보다도 더 큰 수익을 낼 아이디어를 생각해 낸다면 점점 더 많은 결실을 계속해서 보게 될 것이다.

가장 중요한 것은 이런 결과를 내기 위해 초인간적인 천재 관리자가 될 필요가 없다는 사실이다. 그저 팀원들이 얼만큼 성과를 내는지 파악한 다음 그 평균치를 조금씩 끌어올리기 위한 조치를 취하기만 하면 된다.

10초 요약정리

- 대박과 쪽박 기법을 활용해라. 직원들에게 무엇이, 왜 효과가 있었는지 설명하게 해라. 그리고 나서 무엇이, 왜 실패했는지도 설명하게 해라.

- 평균 이상의 결과를 내는 요소를 파악한 뒤 거기에 시간을 더 투자해라.

- 칭찬거리가 보이면 모두가 보고 느낄 수 있도록 칭찬해라.

- 성공 사례를 활용해 다른 일이나 제품 또는 서비스를 성공시킬 새로운 아이디어를 생각해 내라.

- 성과가 낮은 업무를 중단해라.

- 성과가 낮은 업무를 하는 직원들을 평균 이상의 성과를 내는 프로젝트에 투입해라.

- 직원들을 쪽박 프로젝트에서 대박 프로젝트로 옮기면 시간의 흐르면서 전체 실적이 점점 올라간다.

- 대박과 쪽박 기법은 신규 직원을 채용하거나 직원들의 업무량을 늘리지 않고도 실적이 서서히 올라가게 한다.

07

우상향 성장 그래프
만드는 법

맨체스터 유나이티드의 전 감독 알렉스 퍼거슨은 아마도 역대 가장 훌륭한 스포츠 감독일 것이다. 그가 이끈 팀은 잉글랜드 프리미어 리그에서 열세 번, FA 컵에서 다섯 번, 유럽축구연맹UEFA 챔피언 리그에서 두 번 우승했다. 퍼거슨 감독의 전성기가 너무나도 길었던 나머지, 그가 차지한 트로피 중에는 대다수 사람이 그 존재조차 잊은 것도 있다. 어떤 트로피들은 말 그대로 이제 더는 존재하지 않는다. 누가 1999년에 획득한 인터컨티넨탈 우승컵을 기억하겠는가? 나도 못 한다. 그 대회는 더 이상 열리지도 않는다.

여하튼 요점은 퍼거슨이 축구 감독으로서 큰 성공을 거뒀다는 사실이다. 보통 사람은 꿈도 못 꿀 성공이다. 2021년 출간된 퍼거슨 감독의 경영 조언서 《리딩》은 퍼거슨의 통찰력을 보고 배울 수 있다면 당신도 역대 가장 훌륭한 감독이 될 수 있다고 넌지시 약속하는 책이다.

퍽이나 그렇겠다. 그런 일은 없을 것이다.

실제로 경영 전문 미디어들은 탁월한 비즈니스 리더가 되도록 영감을 주는 내용에 많은 공간을 허비한다. 경영 조언서들은 애플 창업자 스티브 잡스, 제너럴일렉트릭 회장 잭 웰치, 페이스북 및 팔란티어 투자가 피터 틸, 주식시장 전문가 워런 버핏 같은 사람들을 집중 조명한다.

이 인물들이 놀랄 만한 커리어를 보여 줬다는 것은 의심의 여지가 없다. 하지만 이는 통계적으로 이례적인 경우다. 이들은 비범한 사람들이다. 종형 곡선의 맨 오른쪽에 분포하는 사람들이다. 이들이 일군 성과는 흔하지 않다. 알렉스 퍼거슨의 책을 읽는 것만으로 당신도 그처럼 관리를 잘할 수 있다면 좋겠지만, 그럴 가능성은 지극히 낮다. 축구에서건 비즈니스에서건 대다수의 관리자는 그런 이례적인 성공과 거리가 멀다. 그러니 현실적으로 생각하자.

역사상 가장 훌륭한 관리자가 될 필요는 없다

걱정하지 말자. 당신이 꼭 역대 가장 훌륭한 관리자가 될 필요는 없으니까.

훌륭한 관리자란 곧 자신의 팀이 다른 팀보다 성과를 더 많이 내게 만드는 사람이다. 이런 관리자가 되기 위해서는 훨씬 더 쉬운 것, 다시 말해 평균보다 약간 더 잘하는 것에 주목할 필요가 있다.

"평균보다 약간 더 잘해라!"라는 슬로건이 의욕을 불끈 끌어올리는 말이 아니라는 건 인정한다. 하지만 참을성 있게 다음 말을 기다려 주길 바란다.

앞 장에서 나는 팀의 성과를 추적해 평균치를 구하고 직원들을 성과가 낮은 업무에서 성과가 높은 업무로 이동 배치하는 일이 중요한 이유를 집중적으로 설명했다. 이 전략만으로도 개인의 실력 향상이나 추가 업무 없이 팀 전체의 성과가 향상된다. 평균을 계산하고 그 결과값에 따라 조치를 취하는 능력은 중요한 관리 기술이다.

복리 성장을 이루는 법

지금부터는 역시나 중요한 두 번째 수학 개념을 소개하려고 한다. 바로 복리법이다.

복리법은 이자를 원금에 가산하여 그 합계액을 다음 기간의 원금으로 하는 이자 계산 방법이다. 예를 들어, 10만 원을 예금계좌에 넣어 두면 원금에 이자 5퍼센트가 붙어 연말에는 예금액이 10만 5,000원이 된다.

$$ ₩100,000 + 5\% = ₩105,000 $$

이듬해에는 이 예금액이 11만 250원이 되는데, 첫째 해에 저축한 원금과 이자의 합계액인 10만 5,000원을 다시 원금으로 해서 둘째 해에 또 5퍼센트의 이자가 붙기 때문이다.

$$ ₩105,000 + 5\% = ₩110,250 $$

여기서 주목할 점은 둘째 해 말에는 예금이 최초 원금보다 10퍼센트 이상 늘어난다는 사실이다. 이자율은 그 절반인 단 5퍼센트인데도 말이다.

이자율은 처음과 **똑같지만** 복리법으로 수익은 **배**가 되었다. 이렇듯 복리 방식으로 차곡차곡 쌓인 수익은 우리의 총성과를 키워 줄 것이다. 영원토록 말이다.

평균보다 약간 더 잘하는 것의 놀라운 힘

세 직원이 일하는 가상의 자동차 판매 대리점으로 다시 돌아가 보자. 셋째 달에 세 직원은 모두 노란색 자동차 판매 업무에 배치됐고 각각 10대씩 팔아 전체 판매 실적이 30대가 되었다. 이 수치는 어떠한 개인적 성과 개선도 없이 달성한 것이다(세 사람 모두 판매를 잘했다는 점을 잊지 마라).

이제 판매원들에게 다음 달에는 세 명이서 자동차를 **한 대**만 더 팔아 보라고 요청한다고 해 보자. 터무니없는 요구는 아닐 것이다. 목표치를 30대에서 31대로 올리는 것은 그리 큰 조정은 아니다. 이런 식으로 직원들에게 **매달** 전달보다 한 대만 더 팔라고 요청한다고 해 보자. 단 1년 만에 이 팀은 총 428대를 팔게 될 것이다. 아무 변화도 주지 않았다면 234대밖에 팔지 못했을 것이다. 단지 두 가지 일을 했을 뿐인데, 매출이 무려 83퍼센트 증가했다.

- 대박과 쪽박 분석법을 적용해 모든 판매원을 가장 실적이 좋은 상품에 배치했다.
- 그런 뒤 판매원들에게 매달 아주 조금씩만 실적을 올려 복리 수익을 얻게 했다.

잊지 말자. 이 가상의 팀은 처음에는 한 달에 겨우 58대를 팔았고, 팀의 3분의 2가 인기 없는 빨간색 자동차와 녹색 자동차에 시간을 허비하고 있었다.

어렵지 않은 셈법이지만, 뇌에 깊이 새길 수 있도록 두 가지 상황에 따른 결과를 나란히 적어 보겠다.

모든 판매원을 가장 잘 팔리는 자동차에 배치하고
점진적 실적 개선을 주문한 후의 월간 매출

1개월째: 아무 변화도 없었을 때, 18대

2개월째: 해리엇을 노란색 자동차에 배치한 후, 25대

3개월째: 모든 직원을 노란색 자동차에 배치한 후, 30대

4개월째: 모든 직원에게 전달보다 한 대 더 팔라고 요청한 후, 31대

5개월째: 모든 직원에게 전달보다 한 대 더 팔라고 요청한 후, 32대

6개월째: 모든 직원에게 전달보다 한 대 더 팔라고 요청한 후, 33대

7개월째: 모든 직원에게 전달보다 한 대 더 팔라고 요청한 후, 34대

8개월째: 모든 직원에게 전달보다 한 대 더 팔라고 요청한 후, 35대

9개월째: 모든 직원에게 전달보다 한 대 더 팔라고 요청한 후, 36대

10개월째: 모든 직원에게 전달보다 한 대 더 팔라고 요청한 후, 37대

11개월째: 모든 직원에게 전달보다 한 대 더 팔라고 요청한 후, 38대

12개월째: 모든 직원에게 전달보다 한 대 더 팔라고 요청한 후, 39대

13개월째: 모든 직원에게 전달보다 한 대 더 팔라고 요청한 후, 40대

총계: 428대 판매

물론, 현재는 1년 전보다 매달 노란색 자동차를 10대 더 팔아야

하지만(30대에서 40대로 증가), 이 수를 셋으로 나누면 각 판매원이 한

달에 추가로 더 팔아야 하는 자동차는 서너 대뿐이다. 다시 말하지만, 이건 엄청난 도전이 아니다.

다음은 우리가 아무것도 하지 않았을 때 일어날 일이다.

직원 배치에 아무 변화를 주지 않고
점진적인 실적 개선도 주문하지 않았을 경우의 월간 매출

⚙️⚙️ 1개월째: 18대

⚙️⚙️ 2개월째: 18대

⚙️⚙️ 3개월째: 18대

⚙️⚙️ 4개월째: 18대

⚙️⚙️ 5개월째: 18대

⚙️⚙️ 6개월째: 18대

⚙️⚙️ 7개월째: 18대

⚙️⚙️ 8개월째: 18대

⚙️⚙️ 9개월째: 18대

⚙️⚙️ 10개월째: 18대

⚙️⚙️ 11개월째: 18대

⚙️⚙️ 12개월째: 18대

⚙️⚙️ 13개월째: 18대

총계: 234대 판매

대박과 쪽박 기법만 적용하고 아무것도 하지 않아도, 즉 판매원들에게 매출을 올리라고 주문하지 않아도 1개월에 30대 매출을 꾸준하게 유지해 13개월 후에는 총 373대를 팔았을 것이다. 그것만으로도 매출이 시작점보다 59퍼센트 상승한 것이다. 추가 업무량이나 새로운 기술 또는 직원 채용 없이도 말이다.

세 가지 조건에서 각각 달성되는 총 매출

○   아무것도 하지 않을 때: 234대 판매

○   대박과 쪽박 기법을 활용했을 때: 373대 판매

○   대박과 쪽박 기법을 활용하고 점진적인 실적 개선을 주문했을 때: 428대 판매

성공은 누적의 싸움이다

평균 실적에 약간의 개선을 요구하자 어느 순간 '우리는 판매왕!'을 외치는 수준으로 매출이 성장했다. 물론, 매달 조금씩 더 잘하는 것에는 노력이 필요하다. 그 점을 부정하진 않겠다. 하지만 당신은 팀원들에게 하루아침에 초인적인 기록을 달성하라고 요구하고 있는 것이 아니다. 우리가 성과 없는 일을 중단하고 성과 높은 일에 투자할 때, 그때마다 우리의 평균 실적은 점진적으로 올라갈 것이고 그

위에 다음 달 실적도 차곡차곡 쌓일 것이다.

이것이 바로 우리의 장기적인 목표다. 즉, 대박과 쪽박을 파악해 우리의 자원을 가장 생산적인 일에 투입하고 점진적인 실적 개선을 주문해 복리 수익을 얻는다.

성장은 이렇게 이루는 것이다. 사람들에게 소리를 질러서, 저성과자들에게 벌점을 부과해서 이루는 게 아니다. 그저 매달 약간씩 더 잘함으로써 이루는 것이다.

꾸준하게 평균보다 약간 더 잘할 때 우리는 장기적으로 특출한 성과를 달성하게 된다. 변함없이 꾸준하게 이어지는 실적 개선이 목표를 달성할 때까지 차곡차곡 쌓일 테니 말이다.

이 점이 중요하다. 어떻게 변함없이 꾸준하게 실적을 올릴지 알아내는 것이 당신이 관리자로서 얻을 수 있는 가장 강력한 무기다. 현실에서는 앞선 예시와 달리 원하는 결과가 순조롭게 나오지 않을 것이다. 현실은 결코 평탄하지 않다. 매달 한 대씩 더 자동차를 판매하는 일을 언제까지고 할 수는 없는 노릇이다. 결과가 어느 정도 나오면 판단을 해야 한다. 이를테면 팀의 사기를 북돋기 위해 판매원을 더 채용할지 결정해야 한다.

인내심을 가져라

1986년 퍼거슨이 감독직을 맡았을 때 맨체스터 유나이티드에는 술에 절어 살고 프로로 뛰기 힘들 만큼 신체 단련이 되지 않은 선수들이 남아 있었다. 이 팀은 퍼거슨이 조종 키를 잡은 첫 4년 동안 세 번이나 각각 11위, 11위, 13위로 시즌을 마감했다. 참담한 결과였다. 처음에는 경기력이 어찌나 형편없었는지 퍼거슨을 해고해야 한다는 목소리도 있었다. 1989~1990 시즌에 맨체스터 유나이티드의 홈구장인 올드 트래퍼드에는 이런 플래카드가 걸렸다. "3년간 변명만 하더니 실력은 여전히 쓰레기… 멀리 안 나가요, 퍼거슨."

퍼거슨이 점진적인 성과 향상을 꾀하며 선수 몇 명을 내보내고 새로운 선수들을 영입한 후 비로소 유나이티드에게 첫 리그 우승을 안겨 주기까지 6년이라는 시간이 걸렸다. 그 대단한 퍼거슨에게도 시간이 필요했다. 장기적인 안목이 필요한 이유다. 오랜 시간에 걸쳐 작은 이익을 복리로 굴리고 천천히 팀의 평균 성과를 끌어올릴 때 우리가 원하는 목적지에 다다를 수 있다는 것은 분명한 사실이다.

10초 요약정리

- 슈퍼스타가 될 필요는 없다. 그저 평균보다 약간 더 잘하면 된다. 성공은 누적의 싸움이다.

- 변함없이 꾸준하게 이어지는 성과 개선, 즉 이익이 계속해서 복리가 되는 마법을 알아내는 것은 당신이 관리자로서 얻을 수 있는 가장 강력한 무기다.

- 매달 실적을 약간씩 더 끌어올려라. 팀의 결과를 매달 끌어올리기 위한 현실적이고 달성 가능한 목표를 세워라.

- 장기간에 걸쳐 성장해라. 성장은 말 그대로 성장이다. 시간이 흐르면 어느새 당신이 원하는 목적지에 도달해 있을 것이다.

- 복리 성장을 통해 초대박을 일궈라. 조끔씩 꾸준하게 늘려 가는 노력이 시간에 따라 더 큰 이익을 가져온다.

08

지속할 일과 그만둘 일
결정하는 법

아마 이 시점에서 의문이 들 것이다. '그래, 자동차 대리점 예시는 아주 그럴듯해. 그런데 이게 나한테도 효과가 있을지 어떻게 알아?' 당신이 그런 효과를 기대할 수 있는 데는 두 가지 이유가 있다.

- **사람들은 시간이 갈수록 자기 일을 더 잘하게 된다.** 직원들의 내공과 기술이 몇 달이 지나는 동안 점차적으로 올라갈 것이다. 이 말인즉슨 더 좋은 결과가 따라온다는 뜻이다.

- **새로운 아이디어는 경제적 성장에 불을 지핀다.** 새로운 아이디어는 늘 넘쳐난다. 아이디어는 바닥나는 법이 없다. 아이디어는 제로섬 게임이 아니다. 아이디어는 공짜에다 무한한 공급원이 있다.

첫 번째 이유는 당연한 이치이므로 길게 설명하지 않겠다. 그저 당신이 새로운 일을 맡은 첫날 어땠는지만 떠올려 보자. 배울 게 참 많지 않았는가? 모든 게 어렵게 느껴지고 시간도 오래 걸렸을 것이다. 퇴근하는 길에는 하루 종일 뇌를 혹사하느라 심신이 지쳐 있었을 것이다.

하지만 몇 달이 지난 후에는 기본 틀에 익숙해지면서 새로운 업무를 별 어려움 없이 해낼 수 있다. 더 빨라지고 실수도 줄어든다. 일의 품질도 올라가고 성과도 향상된다. 이런 이치는 식당 서빙뿐만 아니라 약학 연구에도 똑같이 적용된다.

이는 관리자가 기본적으로 누릴 수 있는 놀라운 이점이다. 팀원들이 일하고자 하는 한, 그리고 부단히 애쓰고 있는 한, 시간이 지날수록 그들의 업무 능력은 점점 더 향상될 것이다.

희소성의 가치에는 한계가 있다

두 번째 이유, 그러니까 새로운 아이디어가 경제적 성장을 일으킨다는 사실은 잘 알려져 있지 않다. 이 사실이 처음으로 타당성을 갖추고 설명된 게 1990년일 정도로 이해도가 낮았다. 당시 시카고대학(훗날 뉴욕대학)의 경제학 교수 폴 로머는 아이디어의 가치를 평가하고 아이디어가 어떻게 경제적 성장에 기여하는지 측정하는 법을 설명한 난해한 학술 논문을 발표했다.

로머가 등장하기 전에 대부분의 사람은 경제학을 희소성, 특히 재화나 서비스의 희소가치를 따지는 학문으로 이해했다. 내가 콘서트를 보기 위해 표를 사는 것은 곧 다른 사람들이 살 표가 줄어든다는 의미다. 남은 표가 너무 적으면 콘서트 표 시장에 왜곡이 나타날 수 있다. 사람들이 자기 표를 차익을 남기고 다른 사람들에게 팔려고 할 것이다. 그럼 암표상들이 콘서트장 바깥에 진을 치고서는 여분의 표를 싸게 사서 콘서트 시작 전에 높은 값에 팔려고 할 것이다.

콘서트 현장에서는 더 많은 돈이 주류 판매대를 통해 창출될 것이다. 술은 돈이 있고 또 술을 사기 위해 기꺼이 콘서트 일부를 놓치고 줄을 서려는 사람에게만 주어질 것이다. 술의 공급은 내가 가진 돈의 희소성, 바텐더가 술을 제조해낼 수 있는 제한된 속도, 그날 행사에서 알코올 제공이 허용되는 시간과 상관관계가 있을 것이다.

내가 좋아하는 록 밴드가 마지막 앙코르 곡을 연주할 때까지 콘서트 표 판매라는 단순한 결정은 작은 경제를 형성하게 된다. 록 밴드가 창출한 가치 있는 상품(콘서트 표)은 공급이 제한되고(희소성), 그러고 나면 관람객들과 암표상들이 새로운 2차 시장을 형성해 이 상품의 가치를 차익 거래한다(주식시장도 어느 정도 이런 원리로 돌아간다). 동시에 노점상들도 이 시장에 개입해, 밴드가 콘서트를 열지 않았더라면 존재하지 않았을 주류를 판매한다(상호 보완적인 재화와 서비스).

콘서트홀은 무한대로 콘서트를 개최할 수 없다. 사람들이 돈을 내고 보러 오는 밴드의 수도 제한적이다. 이러한 제한이 우리가 지금 말하고 있는 희소성을 발생시킨다. 희소성은 콘서트 표에 가치를 부여한다. 궁극적으로, 여기서 발생한 경제 활동의 총 가치는 판매된 표의 초기 가치보다 훨씬 더 크다.

경제학에서 상품은 대다수 사람에게 제한적, 다시 말해 희소하다. 그리고 그 희소성은 가치와 성장을 창출해낸다.

로머 교수는 이런 희소한 재화와 서비스를 설명할 때 **경쟁적**이라는 표현을 썼는데, 내가 산 콘서트 표가 곧 다른 사람이 갖지 못한 콘서트 표이기 때문이다.

2018년 노벨경제학상의 교훈

하지만 로머 교수는 이런 개념 중 어느 것도 아이디어가 개별 기업이나 국가 전체에 미치는 효과를 설명하지 못한다고 믿었다. 그 이유는 아이디어가 희소한 게 아니기 때문이다. 새 아이디어는 누구나 얻을 수 있다. 내가 어떤 아이디어를 얻었다고 해서 그 아이디어를 다른 사람들이 얻을 수 없는 것은 아니다. 우리는 원하는 만큼 얼마든지 아이디어를 얻을 수 있다. 아이디어는 부족하지 않다. 아이디어는 로머 교수의 전문용어를 빌리자면 **비경쟁적**이다.

아이디어는 신기술이라는 구체적인 형태로 나타난다. 이를테면, 우리는 회사의 판매 결과를 더 쉽게 분석해 주는 소프트웨어 패키지를 구매할 수 있다. 만약 이 새로운 소프트웨어에 정교한 인공지능 프로그램이 탑재되어 있어 우리가 한 번도 떠올리지 못한 참신한 판매 전략을 제안해 준다면 어떨까? 아마도 우리가 경쟁사들에 비해 확실히 유리해질 것이다.

하지만 그 소프트웨어에 대한 아이디어, 그리고 그 소프트웨어 자체는 희소하지 않다. 경쟁사들도 그 소프트웨어를 사서 똑같은 이점을 누릴 수 있다. 소프트웨어 프로그램은 콘서트 표와 다르다. 내가 가졌다고 해서 다른 사람들이 갖지 못하는 것이 아니다.

소프트웨어만이 아니다. 이러한 비경쟁적인 아이디어는 도처에서 불쑥 나타난다. 그렇다. 좋아하는 밴드를 보기 위해 구매해야 하는 표는 부족할 수 있다. 하지만 그렇다고 해서 다른 누군가가 새로운 밴드를 결성해 더 나은 음악을 만들지 못하는 것은 아니다. 한 제약 회사가 백신을 만들었다고 해서 다른 회사들이 동일한 예방접종 원리를 이용해 더 나은 백신, 또는 다른 전염병의 백신을 만들지 못하는 것은 아니다. 테슬라가 한 번 충전할 때마다 320킬로미터를 달릴 수 있는 전기 자동차를 판다고 해서 다른 회사가 훨씬 더 멀리 달릴 수 있는 자동차를 만들지 못하는 것은 아니다. 새로운 아이디어는 어디서나 나타날 수 있고, 특히 신기술의 형태로 가장 빈번하게 나타난다.

아이디어는 어느 한 사람이 가지고 있다고 해서 더 부족해지지 않는다. 저수지 물이나 유정油井과 달리 시간이 흘러도 고갈되지 않는다. 그 아이디어는 모두가 사용할 수 있다. 동시에. 모든 곳에서.

이것이 엄청난 경제적 신성장과 가치를 창출한다고 로머 교수는 주장했다. 이제 좋은 아이디어가 신성장을 창출한다는 개념이 분명하게 와닿는 느낌이 올 것이다. 하지만 그런 아이디어의 가치를 정확히 측정하고 수학적으로 증명하는 일은 간단하지 않다. 그 일을 해낸 사람이 바로 로머다. 그는 복잡한 대수학을 이용한 성장 모형으로 이 사실을 증명해 냈는데, 우리의 정신 건강을 위해 여기서 설명하진 않겠다.

로머 교수가 옳다는 것을 세상이 인정하기까지는 그로부터 또 18년이 걸렸다. 2018년 그는 노벨경제학상을 수상했다.

실현 가능한 목표의 이점

경제적으로 가치 있는 참신한 아이디어와 나날이 전문 지식을 쌓아가는 직원들이 있다는 것은 당신이 관리자로서 순풍에 돛을 달았다는 뜻이다. 당신을 둘러싼 환경은 끊임없이 나아지고 있다. 직원들은 한 달 새 경험치를 쌓아 지난달부터 약간 더 발전했다. 전보다 실수도 덜 하고 업무 처리 속도도 조금 더 빨라졌다.

경험이 많아지면 더 정교해지고, 따라서 더 많은 힘과 더 많은 가치가 생겨난다. 인사팀, 법무팀, 기술지원팀, 마케팅팀 등 다른 팀 동료들 역시 시간이 지날수록 조금씩 더 잘하고 있다. 그 결과, 우리 팀을 더 빠르고 효율적으로 지원한다.

과학기술도 시시각각 발전하고 있다. 지금 쓰는 휴대폰은 작년이나 재작년에 썼던 것보다 더 정교해졌다. 지금 모는 자동차는 5년 전에 몰았던 자동차보다 더 경제적이다. 지금 쓰는 컴퓨터는 2년 전에 썼던 컴퓨터보다 더 빠르고 믿음직하다.

당신과 직원들이 생각해 내는 업무 능력 향상 비법 또한 날로 발전하고 훨씬 더 큰 효과를 내고 있다. 가장 중요한 것은 대박과 쪽박 분석을 활용해 당신과 직원들이 업무 능력을 향상시킬 아이디어를 끊임없이 생각해 낼 것(그리고 실속 없는 업무를 쳐낼 것)이라는 점이다.

팀원들에게서 평균보다 약간 더 나은 성과를 꾸준히 이끌어 내는 것은 현실적이고 실현 가능한 목표다. 팀원들의 늘어가는 내공과 참신한 아이디어가 언제 어디서나 점진적인 실적 향상을 만들어 낼 것이므로 시간이 지날수록 우리는 눈덩이처럼 불어난 효과를 누릴 수 있다.

당신은 팀원들과 함께 끝없는 성장의 바다를 떠다니고 있다. 우리의 배는 그러한 성장을 추진력 삼아 앞으로 나아가고 있다.

10초 요약정리

- 사람들은 시간이 지날수록 자기 일을 더 잘하게 된다.

- 그 덕분에 우리는 복리로 늘어나는 성과를 얻을 수 있다.

- 참신한 아이디어는 공짜인 데다 확실하고 지속적인 가치를 창출한다.

- 대박과 쪽박 기법은 최선의 아이디어에 중점을 두고 전략을 짜도록 돕는다.

- 오랜 내공과 참신한 아이디어라는 바람은 당신에게 유리하게 작용한다.

09

객관적인 데이터를 바탕으로
평가하는 법

역사적으로 자동차 업계는 남자들이 일하는 직군이었다. 자동차 공장에서도 남자들이 일했고 기업 본사에서도 더 많은 남자가 이 남자들을 관리했다. 이 기업들에 줄줄이 딸린 수많은 자동차 부품 업체에서도 주로 남자들이 근무했고, 더 나아가 자동차를 판매하는 자동차 대리점에서도 남자들이 일했다.

자동차 업계에 만연한 남성 우월주의 때문에 1980년대와 1990년대에 자동차 업계의 주요 거래와 미팅은 대부분 디트로이트의 유흥업소에서 이루어졌다. 1997년 디트로이트 3대 자동차 제조 업체의 근방에는 75개(!)나 되는 스트립 클럽이 존재했다. 더 구체적으로 설명하자면, 당시 포드, 크라이슬러, 제너럴모터스^{GM}의 부근에 들어선 스트립 클럽의 수는 현재 라스베이거스의 전체 스트립 클럽 수의

2배 이상이었다.

자동차 회사들은 자사 전용 홍등가를 조성하고 있었다. 자동차 회사 중역 한 명이 이런 클럽에서 정기적으로 클라이언트를 접대하고 청구하는 연간 금액이 보통 4만 달러(약 5300만 원)에 달했다고 〈뉴욕타임스〉는 보도했다. 회사 중역들은 심지어 스트립 클럽에서 점심을 먹으며 인당 수백 달러를 쓰기도 했다. 미시간주 워런의 GM 부지에서 1.5킬로미터 떨어진 존존스 클럽은 그날 비즈니스 소식을 실시간으로 알려 주는 디지털 자막 뉴스를 설치할 만큼 수많은 자동차 회사 중역들이 자주 드나드는 곳이었다.

디트로이트의 스트립 클럽 관행은 자동차 회사들의 채용 결정을 왜곡할 만큼 일반화되었다. 〈타임스〉와 인터뷰한 한 중역은 영업 사원들이 일주일에 두 번 클라이언트들을 접대하고 있다는 이유로 여자 직원을 채용할 수 없다고 밝혔다. "이런 클럽에서 비즈니스를 하려는 고객층이 일정 비율 존재하고 그 대다수가 남자인데, 제 입장에서 그 일을 여자 사원에게 맡기는 게 현명한 처사일까요?" 그가 말했다.

결국 여자 직원들은 자동차 회사들을 고소했다. 한 여성은 남자 동료들의 경비 예산이 자신의 7배라고 주장했다. 남자 동료들이 유흥업소에서 돈을 흥청망청 쓰는 동안 그는 고객을 스케이트장에 데려갔기 때문이다.

분명 이건 미친 짓이었다. 미국에서 가장 중요한 제조업의 존망이 걸린 비즈니스 결정이 랩 댄스(누드 댄서가 관객의 무릎에 앉아 추는 선정적인 춤-옮긴이)를 사이에 두고 이뤄지고 있었다. 여자들은 유흥 시설에서 이뤄지는 비즈니스를 불편해하거나 남자 직원 혹은 클라이언트에게 환영받지 못했기 때문에 철저히 배제되었다.

디트로이트 사례가 극단적이긴 하지만, 인터넷 이전 시절에는 많은 기업이 이런 식으로 경영을 했다. 비즈니스의 핵심은 인맥이었고, 이는 곧 사교와 네트워크 형성을 의미했다. 물론 대개는 스트립 클럽이 아닌, 레스토랑과 바, 골프장에서 비즈니스를 했다.

내가 예전에 일했던 한 잡지사에서는 목요일 저녁마다 에디터가 맨해튼에 있는 벤 벤슨즈 스테이크하우스 카운터에 법인 카드를 맡겨 놓았고, 그러면 편집부 부원들이 가서 한밤중까지 마티니를 마셨다. 그것이 잡지 발행에 어떤 도움을 줬는지는 확실하지 않다. 그럼에도 모두가 참석했다. 정확히는 승진을 원하는 사람은 누구나 그곳에 갔다.

꼭 이런 업종이 아니더라도 상사가 직원과의 개인적인 교류나 모호한 개인적 경험에 근거해 직원을 판단하고 그 판단을 근거로 실적을 평가하는 일이 흔히 일어난다. 심지어 오늘날에도 빈번하다. 상사의 눈에 들거나 아부 발언을 잘하거나 상사와 가까운 자리에 앉거나 상사와 연결 고리를 만들 수 있다면 승진에 한 발 더 다가갈 수 있다. 예전 세대들에게는 이런 식의 인맥 관리가 커리어 향상에 중대한 영향을 끼쳤다.

하지만 다 부질없는 짓이다. 업무는 인기 콘테스트가 아니라 일의 완수 여부를 따지는 콘테스트다. 업무와 무관한 복불복식 친목 수준에 따라 커리어가 결정되어서는 안 된다. 이는 친목을 중요시하는 상사가 잘못된 판단을 내린다는 뜻이기도 하다. 이런 상사들은 업무 능력에 대한 실질적인 데이터가 아니라 서로 주고받은 잡담에 근거해 직원들의 인상을 결정하기 때문이다.

두말할 필요도 없이 역사적으로 마티니, 골프, 스트립 클럽에 할애하는 시간이 적은 직원에게는 이런 관행이 매우 불리했다. 관리자인 당신에게는 이 오랜 관행을 바꿀 기회가 있다. 그 방법은 바로 데이터를 이용하는 것이다.

데이터는 측정 가능해야 한다

당신은 팀원들을 공정하고 객관적으로 대우하며 사교 기술과 상관없이 일을 잘하는 직원들을 격려해야 한다. 그 방법은 팀원들에게 명확하고 측정 가능한 목표를 제시하고, 객관적인 성과 데이터를 수집해 목표 달성 여부를 입증하는 것이다.

핵심은 **측정 가능해야 한다**는 것이다. 데이터는 구체적이고 확인 가능하며 측정할 수 있어야 한다. 일례로, 많은 디지털 미디어 기업에서는 웹사이트 트래픽, 앱 다운로드 수, 유료 구독자 수, 광고주에게 팔린 미디어 제품 판매량 등을 활용한다. 다른 회사들도 그에 맞먹는 지표를 활용할 것이다. 이 지표는 판매량이 될 수도 있고 방문 고객이나 생산 제품, 완수 프로젝트 등이 될 수도 있다.

이 작업을 설렁설렁 해서는 안 된다. 매달 초에 팀원들을 소집해 그들이 스스로 얼마나 목표를 달성했는지 데이터로 보여 주도록 해라. 당신도 마찬가지다. 당신도 상사에게 똑같이 데이터로 보여 줘야 한다. 쩨쩨하게 보여도 이게 실제로는 속박에서 자유로워지는 길이다. 직원들은 자신을 싫어하는 상사나 다른 친목계 사람의 평가를 받아야 하는 횡포에서 벗어날 수 있다.

가장 바람직한 데이터는 시각 데이터다. 스프레트시트의 행과 열이 온통 숫자로 채워진, 보기 좋게 정리되지 않은 방대한 자료를 보여 주는 일은 피해야 한다. 데이터는 시각적으로, 다시 말해 도표와 그래프의 형태로 만들어라. 이렇게 해야 패턴과 진전도, 약점을 쉽게 파악할 수 있다. 데이터는 설명이 필요 없을 정도로 분명해야 한다.

나는 무료인 데다 다른 소프트웨어 프로그램에서 쉽게 파일을 불러올 수 있는 구글 시트를 이용한다. 마이크로소프트사의 엑셀도 이용자가 많다. 지금까지 스프레드시트에 도표를 작성해 본 경험이 없다면 강의를 듣거나, 지인에게 도움을 구하거나, 유튜브에서 튜토리얼 시리즈를 시청하는 방법 등을 통해 기본기를 익힐 것을 추천한다.

자신만의 성과 데이터를 만들어 놓으면 시간에 따라 데이터가 어떻게 변하고 왜 변하는지 빠삭하게 알 수 있게 된다. 그러니 우리 팀의 성과를 추적하는 일을 다른 사람들의 손에 맡기지 마라.

마지막으로, 월별 데이터 수집은 대체로 쓸모가 없다. 5월 실적이 4월 실적보다 높게 나타나면 기분이 좋을 수는 있다. 우리가 잘하고 있다는 증거니까. 하지만 그건 단편적인 정보일 뿐이다. 올해 5월 실적이 작년 5월 실적을 한참 밑돈다는 사실이 데이터에 나타나지 않으면 당신은 실제 문제를 놓치고 있는 것이다. 그러니 한두 달이 아닌, 장기간에 걸친 데이터 동향을 수집해라.

데이터에 잠식되지 않도록 주의해라

자, 이제 우리의 직원들은 양질의 데이터를 만들고 있고 당신은 이를 바탕으로 복잡한 결정을 내리고 있다. 만세!

그러나 반대로 데이터에 잠식되는 문제에 부딪힐 가능성 역시 커진다. 직원들이 방대한 정보의 바다에 빠져 허우적대는 회사가 데이터를 거의 수집하지 않고 관리자의 본능적인 직감에 따라 직원을 이끄는 회사의 10배는 된다. 예전에 내 친구는 회사의 성과를 시간에 따라 분석한 54건의 스프레드시트 내지 대시보드를 보고받은 적이 있다. 분명 데이터분석팀은 훌륭했고 열심히 일했다! 하지만 의미 있는 결정을 내리는 데 54개 지표를 사용할 방법은 없다. 실제로 내 친구는 몇 가지 데이터만 보고 나머지는 무시했다.

어떤 데이터 자료에 집중하고 어떤 자료를 무시할지 알아내고자 할 때 앞에서 제시한 두 가지 방법을 사용할 수 있다. 우선순위와 제거 방법은 중요도에 따라 데이터의 순위를 매기는 데 도움을 준다. 대박과 쪽박 기법 또한 마찬가지로 시그널보다 잡음을 더 많이 발생시키는 원본 자료를 무시하도록 도와준다.

10초 요약정리

- 개인적 경험에 의존한 관리를 자제해라. 개인적인 인상이나 느낌, 관계에 의존해 직원들을 판단하지 마라.

- 직원의 아부성 발언 같은 주관적 요소에 근거해 결정을 내리는 것을 삼가라. 업무는 인기 콘테스트가 아니라 일의 완수 여부를 따지는 콘테스트다.

- 직원이 가까이 앉아 있느냐 멀리 떨어져 앉아 있느냐 같은 사소한 요소조차 당신이 잘못된 결정을 하도록 인도할 수 있다.

- 직원들에게 분명하고 측정 가능한 목표를 제시하고 객관적인 성과 데이터를 수집함으로써 그들을 공정하고 객관적으로 대우해라.

- 데이터는 구체적이고 측정 가능하며 확인할 수 있어야 한다.

- 팀원들이 당신이 제시한 목표를 기준으로 자신의 성과 데이터를 수집하고 직접 보여 주게 해라.

- 가장 바람직한 데이터는 시각 데이터다. 즉, 도표와 그래프 형태의 데이터를 통해 동향과 약점을 쉽게 파악할 수 있다.

- 단기적인 월별 향상도가 아니라 장기적인 패턴을 보여 주는 데이터를 만들어라.

10

의사 결정의
오류를 줄이는 법

다음으로 조심해야 할 문제는 데이터를 판단의 수단 이상으로 삼아 스프레드시트가 우리 대신 결정을 내리도록 허용하는 습관이다. 관리자가 의사 결정을 데이터에 위탁하면 자칫 심각한 상황으로 이어질 수 있다.

몇 년 전 제약 회사 로슈는 아큐테인이라는 여드름 치료제를 생산했다. 여기서 말하는 여드름은 청소년기의 일상적인 여드름이 아니라 성인기까지 지속되는 심각하고 치료하기 힘들며 얼굴에 흉터까지 남기는 여드름이다. 다른 말로 하면, 의학적으로 매우 심각한 여드름이다.

그런데 아큐테인에는 치명적인 부작용이 있었다. 이 약을 복용한 사람들의 자살률이 일반 인구의 2배에 달했다. 중증 여드름 환자의 자살률은 이미 높은 편이었기 때문에 그 위험도는 특히 심각했다. 이 치료제는 염증성 장질환[IBD]도 일으켰다. IBD는 만성 장염인 크론병으로 이어질 수도 있는데, 크론병에 걸린 일부 피해자들은 결국 결장 부분 제거 수술까지 받았다. 운이 나쁘면 결장루낭을 달고 살아야 할 수도 있었다. 아큐테인 복용자 중 21.6퍼센트가 위장 관련 부작용을 겪는다는 사실을 로슈 측에서도 알았지만 이 치료제는 판매 승인을 받았다. 로슈는 시판용 약 포장재에 **1퍼센트 미만의 환자**가 이 약을 복용할 때 장 질환을 호소한다는 경고문을 넣었다.

수년 동안 이러한 부작용을 겪고 로슈를 고소한 아큐테인 사용자는 7,000명이 넘었다. 그중 한 명이 〈어 퓨 굿 맨〉에서 잭 니컬슨, 톰 크루즈와 함께 연기한 배우 제임스 마셜이었다. 또 다른 피해자는 이 약을 복용한 후 세스나 비행기를 고의적으로 플로리다주 탬파의 뱅크오브아메리카 건물 28층으로 추락시켜 자살한 찰스 비숍이었다.

로슈는 재판에서 패소하기 시작했고, 배심원단은 피해자와 가족들에게 수백만 달러에 이르는 손해 배상금을 지급하도록 평결을 내렸다. 2009년, 로슈는 18년간 시판된 아큐테인의 생산을 중단했다.

어째서 로슈는 문제의 씨앗이 싹트고 있는 걸 보지 못했을까?

퀸트의 오류

아큐테인 소송사건에서 드러난 증거에 따르면 그 답은 로슈 직원들이 부작용 보고서로 작성한 데이터를 처리하는 독특한 방식에 있었다. 그들은 피해 건수를 로슈가 판매한 아큐테인 처방약 건수와 비교했다. 대부분의 사용자는 약 복용만 중단하고 피해 사실을 신고하지 않았기 때문에 그러한 데이터 처리 방식은 아큐테인의 문제를 크게 축소했다. 또한 로슈에는 일부 컴플레인을 허위 보고로 격하시키는 내부 알고리즘이 있었다.

결국 신고 건수를 시판된 전체 처방약 수와 비교하면서 문제는 통계적으로 유의미하게 나타나지 않았다. 그리고 엄밀히 따지면 로슈는 법적으로 잘못된 일은 하나도 하지 않았다. 2018년, 로슈가 미국 식품의약품국의 규정을 글자 그대로 준수했다는 사실을 근거로 항소심에서 승소하면서 대부분의 아큐테인 소송은 비로소 막을 내렸다.

데이터 분석가가 아닌 일반인들은 부작용 신고가 들어왔을 때 다음과 같은 상식적인 의문을 품었을 것이다. 이게 안전한 약이라면 왜 복용한 사람들의 자살률이 높은 걸까? 왜 복용자들은 끝내 심각한 장 질환으로 수술을 받게 될까? 이런 부작용들이 여드름처럼 생명과 무관한 병을 치료하기 위해 감당할 만한 위험들인가?

하지만 로슈는 데이터에 판단을 맡겼던 것 같다. 데이터에 통계적으로 유의미한 문제가 나타나지 않는 한, 로슈는 문제가 없다고 추정했다. 이것이 내가 '퀸트의 오류'라고 부르는 문제다. '퀸트'는 '계량적(quantitative)'이라는 단어와 '분석가(analyst)'라는 단어의 합성어로, 스프레드시트에 살고 스프레드시트에 죽는 정량 데이터 분석가들에게 종종 붙는 별명이다. 퀸트들은 자신들이 수집한 데이터에 세상이 모두 압축되어 있다는 듯이 세상을 바라보는 경향이 있다. 당연히 세상은 데이터에 완전히 담기지 않는다.

이게 바로 퀸트의 오류다. 양질의 데이터를 갖는 것과 양질의 데이터에 **판단을 맡기는** 것은 별개의 문제다. 판단을 내리는 것이 바로 당신이 할 일이다.

10초 요약정리

- 데이터가 우리 대신 결정을 내리게 하지 마라.

- 다른 사람들이 생산하는 데이터에 의존하지 마라. 당신은 그들이 실수하고 있지는 않은지, 잘못된 것을 측정하고 있지는 않은지, 결국 우리의 데이터를 오류투성이로 만들고 있지는 않은지 알 길이 없다. 그러니 스스로 데이터를 만들고 확인해라.

- 지나치게 많은 데이터는 과유불급일 수 있다. 가장 많은 결과를 보여 주는 핵심 지표에 집중하고 나머지는 무시해라.

- 퀀트의 오류를 조심해라. 양질의 데이터를 갖는 것과 양질의 데이터에 판단을 적용하는 것은 별개의 문제다. 당신이 해야 할 판단을 데이터에 위탁하지 마라.

- 판단하는 것은 당신이 할 일이다.

III 리더의 기술

11

일 잘 맡기는 법

직원에게 타란툴라 거미가 득실거리는 유리 진열장 속을 기어가라고 하는 회사는 아마 없을 것이다. 그런데 그런 요구를 한 회사가 한 곳 있다. 바로 온라인 신발 소매업체 자포스Zappos다.

때는 2013년 분기별 전체 회의가 열린 날이었다. 거미가 득실대는 유리 진열장 몇 개가 라스베이거스의 스미스 공연예술센터 무대에 오르자 진행자가 타란툴라 진열장에 들어가는 사람 누구에게나 250달러짜리 회사 기프트카드를 주겠다고 발표했다. 표범 의상을 입은 한 여성이 어떤 이유에선지 용기를 냈다. 결국 그는 기프트카드를 획득했고 다친 곳도 없었다는 일화가 자포스 전 직원이었던 에이미 그로스의 저서《자포스는 왜 버려진 도시로 갔는가》에 등장한다.

이듬해에 자포스는 많은 직원이 보기에 훨씬 더 이상한 일을 벌였다. CEO가 회사의 기존 경영 구조를 폐지하고 '홀라크라시^{Holacracy'}로 대체하겠다고 발표한 것이다. 관리자 직급을 없애고 구성원 모두가 동등한 위치에서 업무를 수행하는 이 새로운 제도는 철저한 자기경영을 바탕으로 하는 **수평 구조**를 약속했다. 많은 관리자가 자신의 역할이 무용지물이 되었다는 사실을 깨달았다. 사내 서열에 따른 계층이 사라졌고 "직함도, 관리자도, 위계질서도 없었다"고 그로스는 설명했다. 이런 초수평 구조를 도입한 의도는 관리자가 승진시켜 주기를 기다리는 대신 직원들이 스스로 자기 잠재력의 최대치까지 성장할 자유와 권한을 주겠다는 것이었다.

홀라크라시는 자포스를 혼란에 빠뜨렸다. 어떤 직원들은 홀라크라시의 작동 원리를 파악하는 데에만 일주일에 5시간을 추가로 회의에 허비해야 했다. 〈월스트리트저널〉에 따르면, 이 시스템은 많은 사람을 고통에 빠트렸다.

결정적으로, 이 고통을 측정할 방법도 있었다. 자포스는 퇴직 희망자에게 3개월치 퇴직수당을 제공하는 1년 만기 정기보험을 운영했는데, 평년에는 1~3퍼센트의 직원들이 이 혜택을 누린 반면 2015년에는 14퍼센트, 즉 총 직원 1,500명 중 210명이 퇴직 패키지를 받았다고 〈월스트리트저널〉은 보도했다.

몇 년이 더 흐른 후 자포스는 홀라크라시에서 조용히 손을 떼기 시작했다고 그로스는 밝혔다.

수년간 나 역시도 회사 내 상하 구조를 보여 주는 **조직도**에 강한 혐오감을 품고 있었다. 하지만 당시 자포스에서 발생한 대혼란 소식을 듣고 그때서야 조직도를 싫어했던 내 판단이 틀렸음을 깨달았다. 조직도가 없으면 혼란이 생긴다는 것은 분명한 사실이었다.

수직 구조 조직도를 사랑하는 이유

초반부에 나는 3인 팀을 관리하는 것은 별로 힘들지 않다고 말했다. 업무를 논의할 상대가 2명뿐이라면 서로 합심해 목표를 이루는 것도 어렵지 않다.

하지만 5명의 법칙을 넘어서는 큰 규모의 팀을 맡는 순간 문제가 나타나기 시작한다. 역기능이 임계점을 넘게 되는 것이다.

그러므로 가능하면 팀을 5명 미만의 단위로 쪼개고 상급 관리자에게도 가능하면 5명 미만의 직속 부하를 배치하는 구조가 바람직하다. 다시 말해, 직원들을 3인에서 5인 팀으로 나눠 각각 팀장을 배치하고 다시 이 팀장들을 최대 5명씩 나눠 각각 부서장을 배치하는 피라미드식 구조가 이상적이다.

가능한 많이 위임해라

이 시스템이 원활하게 돌아가게 할 유일한 방법은 관리자가 수많은 실무 책임을 내려놓고 아랫사람들에게 상당 부분 위임하는 것이다.

처음에는 실무를 내려놓기가 여간 힘든 게 아닐 것이다. 위임은 관리자가 절대 해결할 수 없는 개념적 모순, 즉 관리의 실존적 위기를 필연적으로 동반한다. 관리자는 실무를 하지 않는다. 공장이나 레스토랑을 관리하는 사람은 더 이상 물리적으로 제품을 만들거나 요리를 하지 않는다. 대신 그 일을 하도록 다른 사람들에게 시킨다. 그러나 관리자에게는 여전히 결과에 대한 책임이 주어진다. (설상가상으로, 실무를 감독하는 일은 사실 많은 노고가 필요하다!)

당신이 관리자로 승진한 것은 당신의 일을 잘했기 때문일 것이다. 하지만 사람을 관리하는 것은 이와는 별개의 기술이다. 당신은 지금 예전에 하던 일을 계속하는 게 아니다. 당신은 관리라는 새로운 일을 맡게 되었다.

희소식은 사람들은 대체로 자기 일을 스스로 통제하고 책임지기를 원한다는 것이다. 세세한 부분까지 관리받기를 좋아하는 사람은 아무도 없다. 그러니 가능한 한 많이 위임해라.

10초 요약정리

- 조직도는 반드시 필요하다. 사람들은 자신의 위치가 어디인지 알고 싶어 한다.

- 5명의 법칙을 잊지 마라. 5명이 넘는 팀을 직속으로 감독하기는 쉽지 않다.

- 5명의 법칙은 관리자들을 감독하는 상급 관리자들에게도 그대로 적용된다.

- 직속 부하가 6명을 넘어가면 유능한 관리자도 직원들의 문의와 요구에 시간을 완전히 빼앗겨 기계적으로 반응하는 '검표원'이 될 위험이 있다.

- 많이 위임해라. 어차피 5명이 넘어가는 팀이라면 다른 선택지도 없다.

- 직원들은 관리자에게서 체계적인 모습을 기대할 것이다. 당신이 고도로 체계적이고 목표 지향적인 사람이 아니라면 그냥 그런 사람인 척해라. 그게 평소 습관이 될 때까지 그런 사람인 것처럼 행동해라.

12

성격유형 검사
현명하게 쓰는 법

어느 날 인사팀 직원이 찾아와서 아래와 같은 이상한 질문지에 답을 요구한다고 상상해 보자.

- ○ 나는 사람들이 논쟁하는 것을 즐겨 본다.
- ○ 내 기분은 순식간에 바뀔 수 있다.
- ○ 나는 전화 통화를 피한다.
- ○ 나는 언제나 사후 세계에 매료된다.

이 질문지를 받은 사람은 혹시 저들이 나를 사이코패스로 의심하나 싶은 생각이 들 것이다. 그게 아니고서야 어느 누가 사람들이 논쟁하는 것을 즐겨 보겠는가? (질문지에서는 논쟁하는 것을 즐기느냐가 아니라 다른 사람들이 논쟁하는 것을 즐겨 보느냐를 묻고 있다는 점에 주목하자. 소름 끼치지 않는가.) 게다가 도대체 인사팀은 왜 우리가 죽음에 매료될 수 있다고 생각하는 걸까?

이 질문들은 전 세계 수천 명의 고용주가 활용하는 성격 테스트인 마이어스 브리그스 성격유형 검사(MBTI)에서 나온 것이다. MBTI 검사는 위와 같은 질문 수십 가지를 피검사자에게 제시하고 각각 등급을 매기게 한다. 그런 뒤 열여섯 가지 성격유형 중 하나로 진단한다. 성격유형은 피검사자가 아래 특징 중 어느 쪽을 더 선호하는지를 바탕으로 정해진다. 이 여덟 가지 특성은 각각 첫 문자로 대변되며 최종적으로 네 가지 선호 문자로 구성된 성격유형이 나온다.

- ○ 외향형(E) 또는 내향형(I)
- ○ 감각형(S) 또는 직관형(N)
- ○ 사고형(T) 또는 감정형(F)
- ○ 판단형(J) 또는 인식형(P)

지난번에 이 검사를 했을 때 나는 내향형, 직관형, 사고형, 판단형을 의미하는 INTJ가 나왔다. 이 유형은 내가 "혁신적, 독립적, 전략적, 논리적이고 내성적이며 통찰력이 풍부하고 자신만의 독창적인 아이디어를 원동력으로 성장을 도모한다"라고 추정한다. 어떤 검사에서는 각 성격유형에 멋들어진 별명까지 붙인다. 내 유형은 웹사이트에 따라 용의주도한 전략가가 되기도 하고 설계자가 되기도 한다. 하나같이 입에 발린 소리다. 나를 아는 사람들 중 나를 용의주도한 전략가로 묘사할 사람은 거의 없다.

MBTI 검사는 흔히 접할 수 있기 때문에 다들 이미 해 봤을 것이다. 그리고 나처럼 사탕발림으로 가득한 성격 평가지를 받았을 가능성이 높다. MBTI의 열여섯 가지 성격유형은 모두 낙관적이고 긍정적이며 좋은 면만 언급하기 때문이다. 결국 MBTI는 한 가지 결과값을 열여섯 가지 장밋빛 그림으로 제시하고 있을 뿐이다.

자신의 무능을 탓하지 않고 쩨쩨한 앙갚음으로 동료들에게 책임을 돌리는 못난 자기혐오형 얼간이를 MBTI 검사로 가려낼 방법은 없다. 이상하지 않은가? 그런 사람들을 걸러 낼 수 있다면 MBTI 검사가 참 유용했을 텐데 말이다!

그런데도 기업 인사팀에서는 1년에 수만 번씩 직원들에게 이 검사를 시키고 그 결과에 따라 직원들의 성격을 분류한다. 〈워싱턴포스트〉의 조사에 따르면 "미국에서 1만 곳이 넘는 회사, 2,500개 대학, 200개 정부기관에서 이 검사를 활용한다." 한때는 포춘 100대 기업 중 89곳이 MBTI 검사를 활용했다.

회사에서는 직원들의 성격유형에 이론상으로 가장 잘 맞는 직장 훈련 프로그램을 만드는 데 이 검사를 활용한다. 또한 직원들의 성격유형을 알면 그들과 더 잘 소통할 수 있다고 믿는다. 그러나 다시 말하지만 여기에는 문제가 딱 하나 있다. MBTI가 헛소리라는 사실이다.

MBTI는 1943년 추리소설가 캐서린 쿡 브리그스와 은행원이었던 그의 딸 이사벨 브리그스 마이어스가 개발한 검사다. 둘 다 정식 심리학 교육을 받은 적이 없다. 다만, 두 사람은 1921년에 사람의 성격을 몇 가지 기본 유형으로 나눌 수 있다는 이론을 제시한 정신분석가 칼 융의 팬이었다. 하지만 이 이론도 그저 견해에 불과하다. 융은 이 이론을 검사하지도, 입증하지도 않았고 이를 뒷받침할 증거도 전혀 제시하지 않았다.

MBTI를 활용해서는 안 되는 이유

이에 아랑곳없이 마이어스와 브리그스 모녀는 융의 견해를 발전시켜 응답자에게 괴상한 질문 목록에 대한 동의 여부를 묻는 테스트를 만들어 냈다. 이 검사는 여러 정부기관과 교육기관에 채택되어 영향력을 키워 갔다.

이후 수십 명의 과학자가 MBTI가 사이비 과학이라고 지적했다. 이 검사의 효과성을 입증하는, 통계적으로 유의미한 이중맹검 동료 심사를 거친 연구는 한 건도 없다. 영문 대중 과학 잡지 〈사이언티픽 아메리칸〉은 MBTI가 "여러 가지 다양한 이유에서 현존하는 최악의 성격 검사 중 하나다. 사람의 유형은 매일같이 변하기 때문에 신뢰할 수 없는 검사다. MBTI는 잘못된 정보(한 연구자의 표현에 따르면 '짝퉁')를 퍼다 나른다. 또한 질문 내용이 아리송하고 단어 선택이 형편없다"라고 밝혔다. 캘리포니아대학교 데이비스캠퍼스의 심리학과 교수 사이민 바지르 또한 이를 "완전 엉터리 검사"라고 칭했다.

융의 연구가 MBTI에 영감을 준 것은 맞지만, 융은 이 검사를 뒷받침하는 견해가 자신의 것이 아니라고 밝혔다. "모든 개인은 규칙의 예외다. … 사람을 한 번 보고 꼬리표를 붙이는 것은 그저 아이들의 소꿉놀이에 지나지 않는다." 융의 주장이다.

관리자가 되면 직원들에게 심리검사를 받게 하고 싶은 유혹이 들지 모른다. 조니는 '장난기가 많고 열정적'인 반면 메리는 '활동 지향적이고 논리적'이라는 정보는 직감적으로 유용해 보인다. 왠지 직원 개개인의 스타일에 맞춰 커뮤니케이션을 하면 전보다 더 소통이 원활해질 것 같다. 하지만 결국 조니와 메리가 하는 일은 똑같다. 프로젝트는 무슨 일이 있어도 금요일까지 끝내야 하고, 클라이언트는 조니가 ISFP인지, 메리가 ENTJ인지에 관심이 없다.

따라서 관리자에게 더 중요한 것은 정신분석 능력이 아니라 커뮤니케이션 능력이다. 이런 이유로 관리의 십중팔구는 커뮤니케이션의 연속처럼 느껴지는 것이다. 그러니 제발 직원 관리에 MBTI를 사용하지 말자.

10초 요약정리

- 전 세계 수천 개의 기업 인사팀에서 MBTI 검사를 활용해 직장 훈련과 커뮤니케이션 방식을 설계한다.

- 그러나 MBTI는 직원들과 소통하는 데 큰 도움이 되지 않는다. 그러니 무시하는 것이 좋다.

- 이 검사는 추리소설가와 은행원이 개발한 것이다. 두 사람 다 정식 심리학 교육을 받지 않았다.

- MBTI는 유명 정신분석가 칼 융에게서 영감을 얻은 것이지만 융은 그 견해를 부정했다.

- MBTI는 실제 과학자들의 연구로 틀렸다는 사실이 밝혀졌을 뿐 아니라 오늘날 최악의 성격유형 검사 중 하나로 여겨진다.

- MBTI로 직원들의 성격을 파악했다고 하더라도, 관리자의 성공을 좌우하는 것은 직원들의 뇌를 들여다보는 능력보다는 직원들과 효과적으로 소통하는 능력이다.

- 가능하면 MBTI를 사용하지 마라!

13

유능한 사람을
팀원으로 채용하는 법

브래드 카츠야마를 아는가? 캐나다왕립은행^{RBC}의 트레이더로 일하던 그는 몇 년 전 클라이언트를 대신해 주식을 대량으로 매수하다가 이상한 현상을 발견했다. 그가 매수 버튼을 누르려고 할 때마다 주식 가격이 수직 상승한 것이다.

시스템이 정직하지 않은 듯했다. 시장에 의해 정해지는 가격은 거짓이었다. 카츠야마가 컴퓨터상 가격으로 매수 버튼을 누르는 순간 실제 가격이 변했다. 처음에는 그저 우연의 일치라고 생각했다. 하지만 이 현상이 계속되자 그는 식겁했다. 누군가가 그의 매수 시점을 정확히 알고서 적절한 시점에 뒤통수를 치는 듯 보였다. 이 수수께끼에 대한 훌륭한 설명이 담긴 마이클 루이스의 저서 《플래시 보이스》에 따르면, 마치 누군가가 어깨 너머로 그의 매수 과정을 지켜

보고 있는 것 같았다고 한다.

카츠야마는 주변을 탐문했다. 그리고 자기만 겪는 문제가 아님을 알게 되었다. 이는 시스템 전반의 문제였다. 이로 인해 캐나다왕립은행과 투자자들은 매년 막대한 손해를 입었다. 투자은행들은 주식을 대량으로 거래하기 때문에 가격이 단 몇 센트만 움직여도 수백만 달러를 잃는다. 하지만 문제는 누가 이런 일을 벌이고 또 실제 거래가 성사되기 전에 어떻게 은행의 거래 내용을 알 수 있는지 아무도 모른다는 것이었다.

골치를 앓고 있는 사람은 카츠야마만이 아니었다. 월스트리트의 가장 공신력 있는 투자은행 중 하나인 골드만삭스의 간부들 역시 어째서 공신력이 낮은 모건스탠리가 자신들보다 주식 매매를 잘하는지 의아해했다.

모건스탠리는 하루에 뉴욕증권거래소 거래량의 30퍼센트인 3억 주를 거래하며 1년에 5억 달러를 벌어들였다. 반면, 골드만삭스의 시장 점유율은 겨우 8퍼센트였다.

캐나다왕립은행의 카츠야마와 골드만삭스는 모건스탠리가 어떻게 자신들의 뒤통수를 치는지 알아내기 위해 동일한 방법을 사용했다. 자사 채용 공고를 내고 경쟁 은행들의 간부 수십 명에게 지원서를 내도록 요청한 것이다. 카츠야마는 100명이 넘는 경쟁사 임직원과 인터뷰를 진행했고, 골드만삭스는 모건스탠리 직원들을 타깃으로 삼고 수십 명에게 접촉했다.

은행 직원은 채용 시 기밀 유지 서약서에 서명을 하기 때문에 본인이 하는 일을 누구에게도 발설해서는 안 된다. 하지만 이직을 약속하는 면접 자리에서 그들은 그 사실을 까마득하게 잊어버리고 자신이 하는 일의 가치, 업무 처리 방식, 다른 사람과 구별되는 점 등을 설명하고 싶어 안달이 난다.

다른 은행들, 특히 모건스탠리가 어떻게 모든 거래에서 우위를 점하게 됐는지 무척 알고 싶었던 카츠야마와 골드만삭스로서는 희소식이 아닐 수 없었다.

구직자는 면접 자리에서 무엇이든 말해 준다

이 수사는 성과가 있었다. 전자 매수 주문이 거래소에 도착하는 시간 차를 이용해 경쟁 은행들이 차익을 취하는 방법을 알아냈다는 사실이 밝혀졌다. 몇몇 투자은행이 카츠야마의 주문이 들어오는 것을 시장보다 먼저 감지하는 소프트웨어를 설치했고, 이를 이용해 몇 분의 1초 만에 주식을 사서 더 높은 가격에 카츠야마에게 팔고 있었다. 이 초단타 매매 프로그램은 골드만삭스와 캐나다왕립은행의 주문이 성사되기도 전에 주식을 사고팔 수 있을 정도로 무척 빨랐다.

이 은행들은 시장을 선점하고 있었고 그 과정에서 주가를 왜곡했다. 기본적으로 속임수였다. 그들은 고속 알고리즘에 접근하지 못하는 트레이더들을 속이기 위해 법을 어기고 있었다. 수억 달러의 주식 거래가 소수 은행들의 손에 조작되고 있었다. 카츠야마는 이 대형 스캔들을 폭로했다.

2015년, UBS 투자은행은 특정 투자자 집단을 위해 음흉한 초단타 매매 프로그램으로 몰래 선행 매매를 했다는 혐의로 미국 증권거래위원회에 1440만 달러의 벌금을 물었다.

이는 월스트리트에서 유명한 사건이다. 《플래시 보이스》는 현재 영화로 제작되고 있다. 이 검은 음모를 통해 말하고자 하는 요점은 간단하다. 구직자들은 면접 때 무엇이든 말해 준다. 당신은 관리자로서 이 점을 잘 활용해야 한다.

적극적인 인재 모집의 가장 큰 장점

사람들은 동종 업계, 특히 경쟁사에 대한 소식을 아는 게 얼마나 유용한지 알지 못한다. 스카우트하고 싶은 사람을 만나 얘기하는 것은 설사 상대방이 스카우트 제의를 거절하더라도 채용 시장 전반에 대해 지식을 쌓을 수 있는 좋은 기회다.

내가 강력하게 추천하는 방법은 함께 일하고 싶은 경쟁사 직원의 명단을 작성한 뒤, 가볍게 차 한잔하자고 초대하는 것이다. 똑똑한 사람들은 이직 생각이 없더라도 스카우트 제의를 받으면 어깨가 으

쏙하고 귀가 솔깃해진다. 일단 채용 후보자들과 대화 자리가 마련되면 우리는 의외로 많은 정보를 얻을 수 있다.

덤으로, 자기 자신과 회사에 대한 좋은 평판을 퍼뜨릴 수도 있다. 회사가 성장 중이라는 걸 알려라. 우리가 채용 중이라는 걸 알려라. 우리 회사가 성공 궤도에 올라 새로운 인재를 찾는 중이라는 걸 알려라. 우리 회사가 경쟁사보다 더 빠르고 더 신나며 더 재미있고 얼간이도 더 적다고 소문내라.

언제나 채용을 1순위 과제로 삼아라

당신의 1순위 과제는 언제나 가능한 한 최고의 인재를 채용하고, 계속 함께 일하고 싶은 사람을 승진시키는 것이다.

이 책에서 다른 건 다 잊어버려도 이것만은 명심해라. 유능한 인재를 적재적소에 잘 기용하는 것만으로도 우리 문제의 80퍼센트는 해결된다. 잊지 말자. 관리자의 힘든 점은 더 이상 실무를 하지 않는 것이다. (아예 안 하진 않더라도 확실히 덜 할 것이다.) 다른 사람들을 감독한다는 건 아랫사람들의 업무 속도와 질에 절대적으로 의존한다는 뜻이다. 일이 잘못되면 관리자의 탓이고, 일이 잘되면 관리자의 공이다. 그러니 당신은 팀원들의 역량에 각별한 관심을 기울여야 한다. 당신이 얼마나 좋은 관리자인지는 중요하지 않다. 아랫사람들이 무능하다면 당신도 결코 성공할 수 없다.

따라서 최고의 인재를 기용하는 데 최대한 많은 시간을 투자해야 한다. 이 사실을 알고 있으면 나머지 내용은 다 몰라도 괜찮은 관리자라고 할 수 있다.

잘못된 채용의 예시

많은 회사, 특히 불량 기업에서는 채용 과정이 기본적으로 수동적이다. 다시 말해, 구인 공고를 내고 입사 희망자들로부터 쉴 새 없이 많은 지원서를 받고 나면 관리자(특히 형편없는 관리자)가 지원서를 훑어본 뒤 가장 알맞은 지원자를 뽑는 식이다. 평범한 직원들을 팀원으로 두고 싶다면 이것도 꽤 좋은 방법이다.

혹시 이런 생각을 해 본 적 있는가? 프로 축구팀, 이를테면 리버풀 FC는 왜 사내 축구팀보다 더 잘할까? 여러 가지 명백한 이유가 있지만, 가장 큰 차이점은 선수를 영입하는 방식에 있다. 사내 축구팀은 자원자 중에서만 선수를 뽑도록 제한한다.

하지만 프로스포츠 구단의 경우 자원자를 선수로 뽑는 곳은 단 한 군데도 없다. 전 세계 리버풀 팬이 수백만 명이고 개중에는 의심할 여지 없이 기량이 뛰어난 선수도 있겠지만, 이 팬들 가운데서 선수를 고른다면 지금 리버풀에서 뛰고 있는 선수들만큼 좋은 구성의 팀을 만들기 어려울 것이다.

프로팀들은 수동적으로 자원자 중에서만 선수를 고르지 않는다. 그보다는 대부분의 채용 시간을 라이벌 팀에서 적극적으로 선수들을 유치해 오고 승격이 확실시될 만큼 유망한 2군 팀의 젊은 선수들을 찾아 나서는 데 쓴다.

프로팀의 채용은 구체적이고 대상을 집중 겨냥한다. 이들은 시장의 경쟁자들에 대해 빠삭할 뿐만 아니라 특별한 기량을 지닌 선수들을 찾는다. 선수들에게 전화를 걸고 만나자고 제안한다. 또한 해당 선수가 새로운 팀으로 이적할 준비가 될 때까지 몇 달 내지 몇 년씩 관계를 유지하는 데 공을 들인다. 리버풀 FC 홈구장에서 뛸 기회를 노리는 수많은 팬이 보내온 산더미 같은 지원 메일을 훑는 짓은 결코 하지 **않는다**.

구인 공고를 보고 지원서를 내는 사람들이 형편없다고 말하는 게 아니다. 당연히 구인 공고는 내야 한다. 나도 우리 회사에 원서를 낸 지원자 중에서 뛰어난 사람들을 많이 고용했다. 하지만 **오로지** 취업문을 열고 들어오는 사람 중에서만 수동적으로 후보자를 고른다면 팀의 성공을 책임질 직원들을 얻기가 쉽지 않을 것이다.

판단 기준이 될 수 없는 것

관리자들 사이에는 직원을 채용할 때 순수하게 능력만 봐야 한다는 속설이 있다. 이 속설은 단순히 **최고**를 뽑으면 다음 네 가지 일이 일어날 것이라고 가정한다.

- ○ 채용 결과가 공정할 것이다.
- ○ 배경에 상관없이 가장 뛰어난 인재를 얻게 될 것이다.
- ○ 배경이 아닌 능력을 보고 선택한 것이기 때문에 발탁된 인재 중에는 소수집단, 장애인, 성소수자가 골고루 섞여 있을 것이다.
- ○ 따라서 다양성이 반영된 채용이 될 것이다.

나도 예전에는 이렇게 믿었지만, 실상을 보고 회의감을 느끼게 되었다. 인사이더에서 처음으로 지원자들의 이력서를 검토할 때 나는 (분명) 가장 뛰어난 사람들을 찾고 있었다. 그래서 유명 대학, 즉 아이비리그를 비롯해 영국 옥스퍼드와 케임브리지 대학교를 졸업한 후보자들을 눈여겨봤다. 경쟁이 엄청나게 치열하고 입학하기 어려운 학교들이니 배출되는 학생들도 틀림없는 인재가 아니겠는가?

시간이 흐르면서 나는 마음만 먹으면 이런 대학의 졸업생들로 회사 공석을 모두 채울 수 있다는 사실을 깨닫게 되었다. 실제로 많은 회사가 이렇게 하고 있다. 골드만삭스를 비롯한 투자은행들은 아이비리그 대학 출신들을 대거 채용한다. 이는 영국도 마찬가지다. 〈가디언〉, BBC, 〈타임스〉는 옥스퍼드와 케임브리지 출신을 선호하는 것으로 악명이 높다.

그런데 옥스퍼드와 케임브리지의 학생 선발 제도에는 큰 결함이 있다. 이들 대학에서 선발하는 학생들은 최고들이 아니다. 실상은 이렇다. 옥스퍼드와 케임브리지, 그리고 많은 아이비리그 대학교는 최우수 고등학생들을 학부생으로 받기를 원한다. 하지만 유감스럽게도 이 **최우수**에 대한 정의는 역사적으로 명문 대학 입학 정원이 소수의 엘리트 사립학교를 졸업한 학생들에게 편중된다는 것을 뜻했다.

영국과 미국의 대부분의 10대들은 사립학교에 가지 못한다. 사립학교는 교육비가 비싸다. 보통 사람들은 그 비용을 감당할 만큼 부유하지 않다. 영국 학생의 94퍼센트는 주립학교 체제에서 교육을 받는다. 사립학교를 다니는 학생은 단 6퍼센트에 불과하다.

그럼에도 2019년 옥스퍼드 입학생 중 주립학교 졸업생은 49퍼센트뿐이었다. 대다수의 입학생은 영국 사립학교 졸업생이거나 외국 유학생이었다. 그럼 이 유학생들은 어떤 학교 출신이겠는가? 맞다. 옥스퍼드 학생 신문 〈처웰〉이 발표한 입학 정원 표본조사에 따르면, 옥스퍼드 유학생 중 95퍼센트는 사립학교를 나왔다.

여기서 문제가 되는 점은 부자들이 대부분 백인이라는 사실이다. 〈파이낸셜타임스〉의 조사에 따르면 2012년부터 2016년까지 몇몇 케임브리지 대학에는 흑인 입학생이 전무했다. 단 한 명도 입학하지 않았다는 말이다. 나의 인사이더 동료인 린지 도지슨의 조사에 따르면, 2016년 옥스퍼드에 입학한 흑인 학생은 전체 2,210명 중 단 35명뿐이었다. 2020년에는 그 수가 106명으로 늘어났지만, 대다수의 유학생이 유색인이리라는 점을 감안할 때 여전히 놀랄 만큼 적은 수다.

상황은 아이비리그 대학들도 비슷하다. 이 학교들은 사립학교 출신이나 유명 졸업생의 자녀들에게 유리한 입학 조건을 제공하는 선택 편향을 갖고 있다.

옥스퍼드나 아이비리그 졸업장을 최우수 인재의 방증 자료로 사용하는 고용주는 결국 능력이 아닌 부에 근거해 직원을 선발하게 된다. 사무실은 백인 직원들로 채워질 것이다.

명문 대학 출신을 절대 뽑지 말라는 게 아니다. 그보다는 다른 사람의 기준을 나의 기준으로 삼아서는 안 되며, 내가 몸담고 있는 업계에 잘 맞는 사람들을 찾기 위해 좀 더 멀리 내다볼 필요가 있다고 말하는 것이다.

직원 채용 경로를 다양화해야 하는 이유가 바로 여기에 있다. 물론, 구인 공고를 보고 지원한 후보들 중에서 가장 뛰어난 사람들을 찾고 싶을 것이다. 하지만 우리는 채용 대상을 축구팀 감독처럼 적극적으로 집중 겨냥해야 한다. 그러지 않고 구인 공고에만 의존한다면 백인이 아니거나 사립학교에 다닐 형편이 안 되는 사람들을 차별

대우하는 시스템의 결함을 고스란히 떠안게 될 것이다.

당신은 최고의 인재들을 얻기 위해 더 열심히 뛰어야 하며, 여기에는 단순히 인재가 나타나기를 기다리는 게 아니라 원하는 인재를 적극적으로 찾아나서는 일도 포함된다.

다양성이 중요한 실질적 이유

가능한 한 다양한 인재풀을 폭넓게 활용하는 것은 옳은 일이기도 하지만 그 외에 다른 이점들도 얻을 수 있다.

우리는 폭넓은 관점에서 업무를 처리해야 하기 때문에 다양한 사람을 직원으로 두기를 원한다. 당신이 모든 것을 알 수는 없다. 대신 모든 직급에서 다양한 사람을 적재적소에 배치함으로써 활용 가능한 지식의 폭을 넓힐 수 있다. 이 자체만으로도 팀 전체의 기량이 쑥 올라갈 것이다. 또한 우리가 인지조차 못 하고 있던 실수를 미연에 예방할 수도 있다.

다양성의 부족으로 기업 도산에까지 이른 가장 악명 높은 사례는 아마 코닥일 것이다. 디지털카메라가 등장하기 전에 코닥은 세계에서 가장 잘 팔리는 카메라 필름을 생산했다. 이 경우, 필름의 화학물질이 카메라에 담긴 색상과 색조를 정확하게 재현할 수 있도록 색 보정이 필요하다. 1950년대 중반부터 코닥은 그렇게 딱 알맞은 색을 재현하기 위해 테스트카드를 사용했다. 이 테스트카드는 셜리라는 여성 모델의 사진이 기준점이었다. 셜리는 아름다웠다. 풍성한 50년대 헤어스타일을 자랑했고, 종종 어깨가 드러나는 이브닝드레스와 오페라 장갑을 착용한 모습으로 그려졌다. 테스트는 간단했다. 셜리의 피부가 좋아 보이면 카메라 필름이 정확하게 보정된 것이었고, 이상하게 보이면 필름에 결함이 있는 것이었다.

문제는 셜리가 백인이었다는 사실이다. 흑인이나 아시아인, 다른 민족 버전의 셜리가 포함된 테스트카드는 없었기 때문에 필름의 색보정은 까만 피부나 갈색 피부가 아닌 하얀 피부를 완벽하게 재현하는 방향으로 이루어졌다. 피부색에 따라 빛을 반사하는 정도도 다르기 때문에 가장 밝은 피부에 최적화된 보정은 필름의 성능을 극과 극으로 갈리게 했다.

옛날 사진을 보고 피부가 까만 사람들이 하얀 사람들보다 사진발이 안 받는다고 느낀 적이 있다면 바로 이런 이유 때문이다. 필름이 한 인종에만 최적화되어 있었다.

일명 셜리 카드는 수십 년간 사용되었다. 그사이 셜리 카드의 효과는 사진을 잘 찍기 위해 고군분투하던 프로들 사이에서 악명이 높아졌다. 유명한 프랑스 영화감독인 장뤼크 고다르는 1977년 코닥 필름이 인종차별적이라고 선언하고 모잠비크 촬영지에서 코닥 필름을 사용하지 않았다.

10초 요약정리

- 좋은 사람을 채용하는 것은 당신이 관리자로서 할 수 있는 가장 중요한 활동이다. 언제나 이 일을 최우선순위 과제로 삼아라.

- 경쟁사에서 일하는 유능한 인재들에게 우리 회사로 스카우트하고 싶다는 의사를 내비쳐라.

- 구직 인터뷰를 활용해 경쟁사에 대한 정보를 알아내고 시장에서 우리 회사의 명성을 키워라.

- 지원자를 인터뷰하면서 우리 회사와 일하고 싶어 할 사람이 또 누가 있을지 알아내라.

- 구직 인터뷰를 활용해 우리 회사에 공석이 있고 적임자의 연락을 기다리고 있다는 말을 업계에 퍼트려라.

- 다양성을 염두에 두고 채용해라. 성과는 올라가고 실수는 줄어들 것이다.

14

나보다 나은 사람 뽑는 법

헤더는 패션과 디자인 세계를 다루는 뉴욕의 한 월간지의 편집주간이었다. 잡지는 규모보다 영향력으로 리더십이 판가름되는 고급서적 중 하나였다. 그의 일은 인턴과 말단 직원을 채용하는 업무였다.

헤더가 인터뷰한 지원자 중 한 명은 맨해튼 웨스트 빌리지에서 나고 자랐는데 이 사실을 면접 자리에서 무척이나 강조했다. 그는 이런 성장배경 덕분에 자신이 다른 지원자들보다 국제적 시야가 넓고 안목이 세련됐다고 생각했다. 그에게 뉴욕은 세계의 중심이고, 보헤미아적인 웨스트 빌리지는 다양성이 들끓는 뉴욕의 심장부였다. 대도시 뉴욕에서 살아남았으니 세상에 그가 못 할 일은 없을 터였다.

이 말을 들은 헤더는 의아했다. 맨해튼은 연중무휴의 도시다. 마음의 갈망을 해소할 모든 게 도보 거리에 있다. 한밤중에도 예외는 아니다. 누가 봐도 맨해튼 생활은 다른 어느 곳에 사는 것보다 쉬워 보이지 않는가? 그래서 헤더는 그 지원자에게 인생에서 가장 힘든 시기가 언제였고 어떻게 극복했는지 말해달라고 했다.

그가 잠시 생각에 잠기더니 이야기를 꺼냈다. 그는 고등학교를 졸업한 후 매사추세츠대학교에 합격했다. 하지만 첫 학기 때 엄청난 눈보라가 매사추세츠주를 휩쓸었다. 뉴잉글랜드의 겨울은 때때로 혹독하다. 세차게 퍼붓는 눈발에 학생 기숙사동의 전력이 끊겼고 거리가 봉쇄됐다. 사흘간 학생들은 바깥세상과 차단된 채 눈 속에 갇혀 지냈다.

'폭풍우가 심했나 보네'라고 헤더는 생각했다. 하지만 기숙사에 옴짝달싹못하게 된 1학년 학부생들이 아닌가? 아무렴 파티라도 했겠지? 편을 짜서 눈싸움도 하고? 눈 터널 같은 걸 만들면서 철없이 놀았겠지?

틀렸다! 날씨가 개자 그는 부모님께 연락해 매사추세츠대학교를 중퇴하고 자신이 자란 아파트에서 몇 발짝 떨어진 뉴욕대학교에 입학했다.

헤더는 이 지원자를 채용하지 않았다. 악천후 때문에 대학을 그만두는 것은 해결책이 아니다. 헤더는 그냥 포기하고 집에 가는 게 문제해결이라고 생각하는 사람과 같이 일하고 싶지 않았다.

나는 헤더의 이 이야기가 한 가지 진실을 담고 있어서 좋다. 때때로 일은 힘들고 재미도 없다. 이 시기를 잘 극복하려면 역경을 딛고 일어설 준비가 되어 있는 사람과 일해야 한다.

심사 기준 패키지를 만들어라

우리는 입사 지원자에게 다음 세 가지를 요청한다.

- ○ 세계 최대의 글로벌 비즈니스 인맥 사이트인 링크드인 계정
- ○ 가장 잘한 프로젝트 다섯 가지 사례
- ○ 업계 관련 아이디어를 PR하는 시간제한 테스트

여기서 얻은 세 가지 정보는 후보들을 비교하고 판단하는 기준이 되어 준다. 모두에게 동일한 요청을 하면(링크드인의 장점이 모든 사람의 이력서를 똑같아 보이게 만들어 준다는 것이다), 무리에서 돋보이는 사람을 찾기가 더 쉬워진다. 또한 법적, 윤리적으로도 모든 지원자를 동등하게 대하는 게 바람직하다.

실무에 탁월한 사람을 뽑아라

내가 관리자가 된 것은 나보다 일을 더 잘하는 사람이 없어서라고 생

각하고 싶은 유혹이 들지 모른다. 하지만 그건 어쭙잖은 생각이다.

자기보다 일을 더 잘하는 사람을 채용해야 한다. 잊지 말자. 당신이 해야 할 실무는 점점 더 줄어들고 대신 업무를 조율해야 할 일이 늘어난다. 그러니 당신에게는 실무에 탁월한 팀원들이 필요하다.

팀의 평균 수준을 끌어올리는 방법은 간단하다. 퇴사자가 생길 때마다 그 자리를 예전보다 더 잘하는 사람으로 채우는 것이다. 즉, 사람을 새로 뽑을 때마다 팀의 평균 능력치가 올라가게 해야 한다. 그 시작점은 나보다 더 나은 사람을 채용하는 것이다.

광고 회사 오길비 앤드 매더의 창립자인 데이비드 오길비가 한 유명한 말이 있다. "우리가 각자 우리보다 더 작은 사람만 채용하면 우리는 난쟁이 회사가 될 것이다. 반대로 우리보다 더 큰 사람만 채용하면 거인 회사가 될 것이다."

진짜를 가려내는 방법

앞 장에서 나는 지원자들 가운데서 최고를 뽑는 수동적인 채용 방법으로는 최고의 인재를 뽑을 수 없다고 주장했다. 대부분의 인재 채용은 구인 공고를 통해 이뤄지기 때문에 이에 맞설 채용 전략이 필요하다.

명문 대학에 편중되는 현상을 해결하기 위해 채용 절차에 포함할 수 있는 몇 가지 묘책이 있다. 나는 수년간 수백 개 회사의 간부들을 인터뷰했는데, 이들 중 많은 수는 새로운 인재를 뽑을 때 채용 절차를 확대하고 다양화하려고 노력하고 있다. 다음은 그들이 알려준 묘안 중 몇 가지를 엄선한 것이다.

- **테스트를 치러라:** 이력서를 검토하는 대신 지원자들을 대상으로 시험을 치러라. 대학 졸업장으로는 지원자의 실제 업무 능력을 파악하기가 힘들다. 그러니 실무 테스트를 치르게 하지 않을 이유가 없다. 일례로, 지원자들에게 회사가 추진할 만한 새로운 아이디어 다섯 가지를 PR해 보도록 요청할 수 있다. 이는 지원자들이 우리 업계를 어떻게 생각하는지 알 수 있는 훌륭한 방법이다.

- **포용적인 최종 후보자 명단:** 모든 공석의 최종 후보자 명단에 성소수자, 장애인 등을 포함시키도록 밀어붙이자. 그렇게 하면 인사담당자와 관리자도 어쩔 수 없이 회사와 연줄이 있는 사람이 아니라 다양한 인재들을 눈여겨보게 될 것이다.

- **이름을 가린 블라인드 이력서를 사용해라:** 종종 이름 때문에 지원자를 객관적으로 평가하기도 전에 고정관념에 사로잡히기도 한다. 따라서 지원서에 이름을 쓰는 대신 코드 번호를 부여하도록 절차를 바꾸는 게 좋다.

- **대학 기입란을 없애라:** 어떤 투자은행들은 입사 지원서에서 대학 기입란을 없애기 시작했다. 예를 들어, 어떤 지원자가 경제학 학위를

딴 것은 알 수 있지만, 하버드대학을 나왔는지 러트거즈대학을 나왔는지는 알 수 없다. 덕분에 지원자가 가진 실제 장점을 심사할 수 있다.

이런 사람은 놓치지 마라

다음은 내가 찾는 인재상이다.

- **열정적 인재:** 당신이 찾아야 할 인재상은 많은 일을 빠르게 처리할 수 있고, 급속도로 변화하는 회사에 가슴이 두근거리는 사람들이다. 이런 열정적 인재들은 대체로 다른 사람들보다 더 많은 것을 성취한다.

- **성장형 인재:** 나는 맨 처음부터 새로운 팀 또는 제품을 맡아 점점 더 규모와 기능을 키우길 좋아하는 인재 또한 선호한다. 어떤 사람들은 사무실에 나와 주어진 일만 하지만, 어떤 사람들은 새로운 무언가를 만들고 싶어 하고 책임을 맡는다는 생각에 기뻐한다. 이런 성장형 인재들을 찾아라. 열정적 인재와 성장형 인재의 조합이라면 더할 나위 없이 좋다.

- **적극적인 입사 희망자:** 이왕이면 우리를 위해 일하고 싶어 하는 사람을 뽑는 게 좋다. 많은 지원자를 심사하다 보면 유독 우리 회사에

서 일하고 싶어 하는 사람들을 만나게 된다. 우리가 하는 일이 그들이 하고 싶은 일이다. 이런 사람들은 한 가지 직무에만 지원하지 않는다. 또한 메일로 직접 추가 **PR** 자료나 제안서를 보내기도 한다. 때로는 자신들이 왜 불합격했는지 피드백을 요구하는데, 어떻게 해야 다음번에 합격할지 알고 싶기 때문이다. 자고로 이런 긍정적인 자질에는 청신호를 보내야 한다.

○ **그저 일자리가 필요한 사람은 걸러라:** 절대 채용하면 안 되는 유형은 그저 일자리가 필요한 사람이다. 물론, 일하고 싶거나 일자리가 필요한 게 절대 잘못된 것은 아니다. 하지만 그저 일자리가 필요한 사람들은 일을 집세를 내기 위해 오전 9시부터 오후 5시까지 시간을 보내는 것 정도로 여긴다. 일을 삶의 열정으로, 자랑스러운 커리어를 쌓을 사다리로 여기지 않는다. 따라서 이 사람들이 직무 범위를 넘어선 일을 할 가능성은 낮다. 관리자로서 평균 이상의 팀을 만들고 싶다면 기대 이상의 일을 해내는 사람들을 찾아야 한다. 그게 바로 성공적인 팀을 만드는 비결이기 때문이다. 그저 일자리가 필요해서 일하는 팀원들로는 그런 성공을 기대하기 힘들다.

빌런을 걸러 내는 법

내가 면접에서 즐겨 하는 몇 가지 질문이 있다. 이 질문들의 공통점은 절대 채용하고 싶지 않은 사람, 다시 말해 그저 일자리가 필요한 사람을 걸러 내도록 도와준다는 것이다. 이 질문들은 눈보라 하나도 이겨 내지 못해 다니던 학교를 중퇴한 지원자의 이야기에 기반을 두고 있다.

- ○ **"직장에서 가장 힘들었던 프로젝트는 무엇인가? 그 난관을 어떻게 해결했나?"** 무척 다양한 답변이 나올 수 있는 질문이다. 이 답변을 통해 우리는 지원자의 직업의식을 파악할 수 있다. 지원자가 힘들었다고 말하는 업무가 우리가 보기에는 사소하고 별것 아닌 경우일 수 있다. 우리가 채용해야 할 사람은 정말 어려운 업무를 만나 고생해 본 사람, 다시 말해 기본적으로 고된 일이 어떤 것인지 알고 있는 사람이다.

- ○ **"직업적으로 성취하고 싶은 것은 무엇인가? 자신이 꿈꾸는 직업은 무엇인가?"** "5년 후 자신의 모습을 그려 보라"라는 말로도 바꿔 표현할 수 있는 이 질문은 낯간지럽긴 해도, 이 사람이 정말로 이 일을 원하는지 아니면 단순히 집세를 내려고 일을 하려는 건지 알려 준다. 이 일은 이 사람이 원하던 바로 그 일일까? 이 일을 커리어를 발전시키는 데 유의미하고 유용한 발판으로 삼을까? 다시 말해, 우리가 맡기는 임무를 더 대단한 무언가로 키워 낼까?

- ○ **"우리 회사의 잘못된 점이 뭐라고 생각하는가? 어떤 점을 개선하면 좋을까?"** 이 질문은 지원자들이 우리 회사에 대해 알고 있는지, 입

사 지원서를 내기 전에 해당 직무에 대해 조사했는지 말해 준다. 아울러, 업무적 측면에서 개선할 수 있는 사항에 대해 흥미롭고 간혹 유용한 답변도 얻을 수 있다. 지원자가 이 질문에 무지한 답변을 한다면 우리 회사에 대해 잘 모르는 지원자라는 걸 알 수 있다.

- **"지금 우리 업계에서 가장 흥미로운 이슈는 무엇이고, 그 이유는 무엇인가?"** 우리가 찾는 사람은 우리 업계를 잘 알고 주시하며 업계의 변화에 열정적으로 반응하는 사람이다. 이 질문에 흥미롭고 독창적인 답변을 한다면 긍정적인 신호다. 업계에 대한 무지함을 드러내는 지원자는 걸러 내야 한다.

- **"예전 직장을 그만둔 이유가 무엇인가?"** 똑똑한 지원자들은 면접에서 예전(또는 현재) 상사에 대해 불평하는 게 백해무익하다는 사실을 알지만, 많은 사람이 이런 실수를 저지른다. 이 질문은 지원자가 극성스러운 불평가인지 아니면 그저 새로운 도전을 바라고 있는지 알려 준다.

추천인 요청하기

합격 가능성이 높은 지원자에게 추천인을 요청하는 것, 즉 이 지원자를 채용해야 할 이유를 기꺼이 말해 줄 사람을 적어 내라고 하는 것은 언뜻 보기에 미친 짓처럼 보일 수 있다.

자신에 대해 안 좋은 말을 할 추천인을 써내는 사람은 아무도 없을 테니 말이다. 하지만 추천인에게 통화로 지원자에 대해 묻는 레퍼런스 콜에서 지원자의 장점과 단점을 알아내도록 도와줄 몇 가지 질문이 있다. (면접과 마찬가지로, 레퍼런스 콜 역시 경쟁사 직원들로부터 정보를 캐낼 좋은 기회다.) 다음은 내가 추천인에게 즐겨 하는 질문들이다.

○ **"지원자를 어떻게 알고 있고, 얼마나 알고 지냈나?"** 정말 기본적인 질문 아닌가? 이 질문을 하는 이유는 추천인이 지원자를 잘 아는 사람인지 알아내기 위해서다. 또한 실제로 지원자와 함께 일했는지도 알 수 있다. 의외로 많은 사람이 자기 친구를 추천인으로 적어 낸다. 물론 잘못된 것은 아니다. 하지만 친구와 동료는 엄연히 다른 법이다.

○ **"지원자의 강점은 무엇인가?"** 이런 가벼운 질문을 시작으로 대화를 이어 가는 게 좋다.

○ **"지원자의 약점은 무엇인가?"** 모든 사람은 허점이 있다. 그게 무엇인지 채용 전에 알아내는 편이 좋다. 또한 면접 시 이 질문에 대한 지원자의 답변과 추천인의 답변을 비교해 보는 것도 흥미롭다.

○ **"지원자가 이 업무에서 고전한다면 어떤 이유 때문일 거라고 생각하나?"** 돌려 말하거나 긍정적인 말로 대답하기 힘들기 때문에 아주 좋은 질문이다. 답변을 하려면 지원자의 부정적인 성격 측면을 언급

할 수밖에 없다.

○ **"지원자가 맡았던 가장 어려운 프로젝트는 무엇이고, 어떻게 해결했나?"** 면접에서 지원자에게 물었던 것과 유사한 질문이다. 놀랄 만큼 다양한 답변을 끌어낼 수 있어서 내가 좋아하는 질문이다.

○ **"지원자가 직업적으로 성취하고 싶은 것은 무엇인가?"** 이 역시 면접에서 지원자에게 했던 질문이다. 지원자가 생각하는 스스로의 모습과 주변 사람들이 생각하는 지원자의 모습을 서로 비교할 수 있기 때문에 나는 추천인들에게도 이 질문을 즐겨 한다.

10초 요약정리

- 역경과 난관을 맞닥뜨렸을 때 나가떨어지지 않은 사람을 채용해라.

- 모든 지원자에게 요구되는 심사 기준 패키지를 만들어라.

- 자기 자신보다 이 일을 더 잘하는 사람을 찾아라. 직원을 새로 뽑을 때마다 팀의 평균 능력치를 올려야 한다.

- 최고의 인재를 모집하려면 다양성을 고려해 채용해라.

- 수동적으로 채용 공고를 내는 것만으로는 최고의 인재를 얻을 수 없다.

- 이번 장에서 상술한 방법을 총동원하여 지원자들에게 공평한 경쟁의 장을 마련해 주고 타고난 운이 아닌, 실제 능력을 부각시켜라.

- 열정적 인재를 찾아라.

- 성장형 인재를 찾아라.

- 적극적인 입사 희망자를 찾아라.

- 그저 일자리가 필요한 사람은 걸러라.

- 면접 시 활용할 질문 리스트를 만들어라.

- 추천인들에게도 비슷한 질문을 해라.

- 면접을 진행하는 동안 메모해라. 그러지 않으면 지원자의 장점이 무엇이고 약점이 무엇인지 잊어버릴 것이다.

- 새로운 직원을 뽑으면 출근 첫날 점심을 대접해 환영받는 분위기를 조성해라. 자신을 반기는 분위기에서 일하는 사람은 같이 일하기도 편하다. 신입 직원의 입장에서도 앞으로 어떤 일을 하면 되는지 좀 더 편안하게 물어볼 수 있는 기회가 된다.

15

승진 카드 활용법

〈점프〉, 〈파나마〉 등 수많은 히트곡을 탄생시킨 록 밴드 반 헤일런은 순회공연을 할 때 대기실에 M&M 초콜릿이 담긴 단지를 준비하되 갈색 초콜릿은 모두 빼라는 조항이 담긴 극악한 계약서를 요구한 것으로 유명하다. 수많은 지침 속에 묻혀 있는 이 부칙 조항은 각종 소스를 곁들인 감자칩, 견과류, 프레첼 등 다양한 간식거리가 열거된 후 다음 한 줄로 등장한다.

"M&M 초콜릿. 경고: 갈색 초콜릿은 무조건 빼야 함."

대다수 사람들은 갈색 초콜릿을 빼라는 요구 사항이 단순히 밴드 멤버들의 엄청난 자부심을 보여주는 징후라고 생각했다. 멤버들은 대기실 뷔페 테이블에서 갈색 M&M 초콜릿을 하나라도 발견하면 막판에 공연을 취소했고, "갈색 M&M 초콜릿 빼기"는 이 밴드를 대변하는 유명한 우스갯소리가 되었다.

수년 후, 반 헤일런의 리드 보컬 데이비드 리 로스는 왜 밴드가 이런 말도 안 되는 요구를 했는지 설명했다. M&M 조항은 소규모 공연장의 무대 담당자들이 세부 지침과 안전에 신경을 쓰고 있는지 확인하는 일종의 테스트였다.

그는 자서전에 이렇게 썼다. "일반적인 밴드 공연에는 최대 세 대의 트럭이 동원되지만, 우리는 대형 컨테이너 트럭 아홉 대에 장비를 가득 싣고 다녔다. 그래서인지 무대 대들보가 장비 무게를 지탱하지 못하거나 바닥이 무너지거나 문이 작아서 장비를 들여놓을 수 없거나 하는 기술적 문제들이 빈번하게 발생했다."

로스는 후일 2012년 인터뷰에서 이렇게 말했다. "반 헤일런은 커다란 PAR 램프 조명 850개를 싣고 전국을 순회한 최초의 밴드였습니다. 당시로서는 역대 최대의 무대 연출이었죠." 하지만 모든 공연장이 준비를 잘해 놓은 것은 아니었다. "저는 공연의 조명과 무대 디자인을 설계한 사람 중 한 명이었습니다. 그래서 대기실 뷔페 테이블에서 갈색 M&M 초콜릿을 발견하면 기획사가 계약서 부가 조항을 읽지 않았다고 확신하고 무대장치를 하나하나 다시 점검해야 했죠."

여기에는 사람들의 생명이 달려 있었다. 무대를 설치할 때 세부 지침을 제대로 따르지 않아 커다란 조명이 달랑거리다가 무대로 떨어진다면 누군가는 목숨을 잃게 된다.

승진 기회를 어떻게 얻었는가?

내가 처음 반 헤일런의 갈색 M&M 초콜릿 소문을 들은 것은 나의 첫 미디어 업계 정규직 직장인 레지스터시티즌에서 일할 때였다. 이 신문사는 코네티컷주 토링턴 지역의 일간지였다.

토링턴은 미국의 전형적인 소도시다. 메인스트리트는 이름 그대로 메인스트리트로 불린다. 약 4만 명의 주민이 살고, 나무들에 둘러싸인 작은 계곡에 자리 잡고 있다. 오래된 집들은 전형적인 뉴잉글랜드풍, 다시 말해 스티븐 킹의 소설에 나올 법한 박공과 덧문이 달린 빅토리아식 비 막이 판자로 지어져 있다. 역사적으로 이 지역의 최대 고용주는 오래된 연장 공장이었다. 내가 살 무렵 고용 직원은 현지 병원에 더 많았지만, 토링턴이 유서 깊은 러스트벨트 공장지대로 여겨진 만큼 이 지역의 블루칼라 정체성을 더 크게 대변하는 것은 연장 공장이었다.

〈레지스터시티즌〉은 1874년에 설립된 가족 소유의 신문으로서 신망을 받고 있었다. 인터넷이 지역신문 업계를 초토화하기 전, 뉴스실에는 약 25명이 근무했다. 이 일간지는 전성기 시절 이 지역의 심장부였다.

레지스터시티즌에서 맨 처음 교열 담당자로 일할 때 나는 중요한 임무 하나를 맡았는데, '토크 오브 더 타운'이라는 카페에서 팀원들이 주문한 커피와 도넛을 사 가지고 오는 일이었다.

나는 이 일을 약 6개월 동안 거의 매일같이 했다. 너무 굴욕적인 일이 아닌가 싶을 것이다. 편집을 해야 할 사람이 커피 심부름이나 하고 있으니 말이다.

그렇긴 하지만 반 헤일런 법칙이 여기에도 적용되고 있었다. 커피 심부름을 잘못 해 오는 사람들은 선임 에디터들로부터 이런 것도 못하냐는 조롱을 5분간 들어야 했다. 사람들에게는 각자 까다로운 커피 취향이 있다. 아무 커피나 원하는 사람은 없다. 모두 정확한 취향이 반영된 커피를 마시기를 원한다. 즉 커피와 도넛 심부름을 실수 없이 하는 것은 실수가 허용되지 않는 일을 믿고 맡길 수 있는 사람이라는 걸 보여 주는 아주 좋은 방법이다.

나도 그해가 끝나갈 무렵 신뢰를 얻었고, 제1면 편집을 담당하게 되었다. 기사를 골라 표제를 쓰고 다음 날 시민들이 보게 될 사진을 선정하는 것이 내 일이었다. 그 말인즉슨, 주말에는 신문 전체를 단독으로 책임진다는 뜻이었다. 밤늦게 속보가 전해지면, 커다란 롤러가 뉴스 기사를 고속으로 찍어 내고 있는 건물 뒤 인쇄실로 뛰어가 "당장 멈춰요!"를 외치는 게 내 일이었다. 신입 저널리스트에게는 꿈 같은 일이었다. 그러나 나는 절대 훌륭한 에디터가 아니었다. 그런 내가 승진 기회를 얻은 것은 일을 완수하는 데 실수가 없었기 때문이다.

믿고 일을 맡길 수 있는 사람

승진시킬 사람을 고려할 때 신뢰성은 엄청난 가치가 있다. 관리자의 성공 여부는 직원들이 일을 잘 완수하느냐에 달려 있다. 그러므로 일을 믿고 맡길 수 있는 사람이 누구인지 아는 것은 승진자를 고려할 때 무척 중요한 요소다.

솔직히 말해서, 사람 관리의 이런 측면은 내게 큰 충격으로 다가왔다. 어떤 사람들은 시키는 일을 잘 해내지 못한다. 반항적이거나 무능해서 그런 게 아니다. 그보다는 더 작은 문제다. 이 사람들은 그저 일을 완수하는 데 능숙하지 않을 뿐이다. 그리고 나도 그런 사람들 중 하나였다.

절대 승진시키면 안 되는 사람

내가 성인이 되고 처음 구한 일은 판지 상자 공장의 배달 기사였다. 나는 공장에서 생산되는 거대한 상자 더미와 엄청난 양의 접착제를 트럭 한가득 싣고 배달했다. 내가 운전한 트럭은 대형 화물차 면허가 없는 사람이 몰 수 있는 가장 큰 트럭이었다. 무게가 8톤이 좀 넘었고, 운전석이 높이 있어서 실제 화물차를 운전하는 것이나 마찬가지였다. 게다가 일반 자동차보다 시야가 매우 좁았다. 뒤쪽 화물칸에 가로막혀 백미러가 제 역할을 못했다. 나는 전적으로 사이드미러에 의존했다. 이 말인즉슨, 운전석에서 트럭 뒷바퀴를 보는 게 불가능했다는 뜻이다.

결정적으로, 트럭 길이가 8미터나 됐다. 모퉁이나 커브 길을 엄청나게 크게 돌아야 한다는 의미였다. 그러지 않으면 뒷바퀴가 연석에 부딪쳐 화물칸이 떠밀릴 수 있었다. 커브를 크게 돌지 못하면 도로 경고 기둥을 덮치거나 자칫하면 보행자의 목숨을 앗아 갈 수도 있었다는 말이다.

나는 운전 실력이 형편없었다. 내가 운전대를 잡으면 트럭이 찌그러지고 긁히는 일이 일상다반사였다. 차량 뒤쪽에 나뭇가지가 걸려 뜯기는 일도 일상이었다. 한번은 시골 길가에 둘러친 생울타리에 바짝 붙어 운전하다가 사이드미러 하나가 떨어져 나가기도 했다. 내가 운전할 때마다 트럭에 손상이 갔다. 한 번도 빼놓지 않고 매번 그랬다.

일진이 가장 사나웠던 날은 리버풀에 있는 유명 화학 회사로 수많은 배럴 통을 실어 나른 날이었는데, 배럴 통을 단단히 고정하지 않은 게 화근이었다. 통에는 접착제가 가득 들어 있었다. 운반 도중에

나는 트럭 뒷바퀴를 대여섯 번쯤 연석에 부딪쳤고 그러다 만난 커브에서 충분히 크게 돌지 못했다. 뒤쪽에서 배럴 통들이 풀려나 데굴데굴 굴러가며 사방에 쾅 하고 부딪치는 소리가 들렸다. 배럴 통은 한 개당 무게가 약 1톤이었다. 나 혼자서 일으켜 세우기에는 너무 무거웠다. 따라서 고객사의 하역장에 도착할 때까지 내가 할 수 있는 일은 아무것도 없었다. 배럴 통들을 목재 운반대에 다시 올려 놓으려면 하역장에 있는 지게차의 도움을 받아야 했다.

화학 회사 공장에 도착한 나는 트럭을 하역장으로 후진시킨 뒤 뒷문을 열려고 했다. 그런데 문이 꿈쩍도 하지 않았다. 나는 겁에 질렸다. 뒤편에서 배럴 통들이 풀려나 돌아다니는 건 알았지만, 이제 보니 이동하는 동안 배럴 통에서 접착제까지 새어 나와 문에 들러붙어 버린 듯했다.

공장 직원들이 미친 듯이 웃고 있었다. 나는 뒷문을 잡아당기고 또 잡아당겼다. 그러자 갑자기 문이 움직이더니 위쪽 잠금장치가 덜거덕거리며 열렸다. 그 순간 하얀 접착제 헤일이 화물차 뒤쪽으로 밀려와 내 다리로 쏟아졌다. 배럴 통 한 개에는 1,000리터가 넘는 접착제가 들어 있었다. 나는 접착제를 뒤집어썼다. 웃음소리가 더 커졌다.

화물 대부분이 손실된 상태였다. 나는 야외에서 호스로 몸을 씻은 후에야 트럭에 다시 올라타 집으로 갈 수 있었다. 나는 역대 최악의 트럭 운전사였다. 단 하루도 거르지 않고 대형 사고를 쳤다.

어느 팀에나 나 같은 사람이 있을 것이다. 이런 사람은 승진시켜서는 안 된다.

직무 수행 능력 부족의 징후들

이런 게 바로 내가 말하는 직무 수행 능력 부족이다. 어떤 직원들은 솔직히 말해서 상사나 동료의 개입 없이는 단 하루도 무사히 넘기지 못한다. 그 사람이 하급 직원이고 하루하루 배우면서 점점 나아지고 있다면 큰 문제는 되지 않는다. 누구나 실수는 하는 법이니까. 하지만 승진이나 신규 채용의 관점에서는 우리 도움 없이도 뚝딱 일을 해내는 사람을 찾아야 한다.

이런 양상은 빠르게 나타날 것이다. 팀원 중에는 소리 소문 없이 깔끔하게 일을 끝내는 사람들이 있는가 하면, 동료들이 일일이 도와주지 않으면 어느 것 하나 제대로 끝내지 못하는 직원들도 있을 것이다.

이처럼 어떤 사람들은 직무 수행 능력이 뛰어난 반면, 어떤 사람들은 그렇지 않다. 우리는 직무 수행 능력이 높은 사람들을 관리자로 승진시키고 이 관리자들이 역시나 일을 잘 마무리하는 사람들을 채용하도록 격려해야 한다. 하지만 그 외의 다른 자질들도 눈여겨볼 필요가 있다.

- **유난스럽지 않은 사람:** 같이 일하는 사람들을 둘러봐라. 대부분의 일을 가장 능숙하게 해내고 있는 사람이 누구인가? 우리는 많은 일을 조용히 해치우고 있는 사람들을 눈여겨봐야 한다. 물론 문자 그대로 말없이 조용히 일하는 사람을 찾으라는 말이 아니다. 웬만해서는 소란을 피우지 않는 사람을 잘 보라는 말이다. 이런 사람들은 천금의 가치가 있다. 다른 사람들로 쉽게 대체되지 않는다. 우리가 승진시켜야 할 사람들이 바로 이런 유난스럽지 않은 사람들이다.

- **생산성이 높은 사람:** 이것은 쉽게 알아차릴 수 있다. 직원들 중에서 누가 가장 많은 일을 하고 있는가? 이런 사람들은 계속 곁에 둘 만한 가치가 있다.

- **한 번에 잘하는 사람:** 무슨 일을 하든 한 번에 잘하는 사람인가? 이따금씩 하는 실수는 괜찮다. 누구나 실수를 한다. 하지만 우리가 승진시켜야 할 사람은 도움 없이는 목표에 도달하지 못하는 사람이 아니라 자기 일을 일관성 있게 한 번에 잘하는 사람들이다. 혹자는 "일관성이 편협한 사람들의 헛된 망상"이라고도 말하는데, 잘못 알고 있는 것이다. 일에서든 달성하고 싶은 목표에서든, 일관성은 탁월한 사람들의 요술 방망이다.

- **열정적 인재와 성장형 인재:** 물론, 이런 자질은 신규 채용에서도 똑같이 눈여겨봐야 한다.

록 스타를 위한 사다리

우리가 영업부에서 일한다고 가정해 보자. 영업 사원으로서 승승장구하려면 어떤 기술이 필요할까? 일단 전화 영업을 잘해야 하고 구매 권유에 능숙해야 하며 사람들의 거절에도 쉽게 풀이 죽어서는 안 된다. 또한 거래가 완료됐을 때 고객이 바가지를 쓴 게 아니라 좋은 영업 사원을 만나 다행이라고 느껴야 한다. 그렇게 해서 우리가 부서에서 가장 실적이 좋은 영업 사원이 됐다고 해 보자.

경영진은 누구를 부서장으로 승진시키겠는가? 대부분의 회사는 실적이 가장 뛰어난 우리를 부서장에 앉힐 것이고, 우리도 기쁘게 승진을 받아들일 것이다. 하지만 사람들을 관리하는 일은 영업과는 완전히 다른 기술을 필요로 한다. 관리자의 업무에는 이를테면 많은 전화 영업이 포함되지 않는다.

그래서 아이러니하게도 회사들은 최우수사원을 승진시킴과 동시에 잃게 된다. 보통, 영업을 잘하는 사람들은 관리자로서는 꽝인 것으로 악명이 높다.

이는 스포츠에서도 마찬가지다. 필드 최고의 득점왕을 데려와 코치 자리에 앉히는 경우는 절대 없다. 그런 선수는 계속 경기장에 배치해 골문 깊숙이 골을 집어넣도록 두는 편이 더 낫다.

모든 사람이 관리직으로 가야 하는 것은 아니다. 어떤 사람들은 실무를 잘하고 계속 그 실무를 해야 한다. 하지만 이런 사람들도 커리어가 쌓이는 기분은 느낄 수 있어야 한다. 따라서 관리자가 아닌 이런 록 스타를 위한 사다리를 만들 필요가 있다.

다른 말로 하면, 투트랙 승진 제도를 만들어야 한다.

- ○ 다른 사람들을 정비하고 지도하는 일을 잘하는 관리직을 위한 승진 코스.
- ○ 관리직은 적성에 안 맞지만 의미 있는 커리어 성장을 원하는 록 스타를 위한 승진 코스.

록 스타 사다리에 오르는 사람들은 다른 사람들을 감독하진 않더라도 임금 인상과 함께 단계별 직위 상승 기회도 얻을 수 있어야 한다. 자기 일에 탁월한 능력을 보여 주고 회사에 계속 필요한 사람이라면 관리직 코스를 밟지 않더라도 그에 합당한 보상을 해 주어야 한다.

잊지 마라. 자기 일을 잘하는 사람들은 정체되는 것을 원하지 않는다. 자신들도 사다리를 오르고 있다는 느낌을 받기를 원한다.

10초 요약정리

- 다음은 승진자를 고려할 때 눈여겨봐야 할 유형이다.

  – 신뢰할 수 있는 사람

  – 직무 수행 능력이 뛰어난 사람

  – 유난스럽지 않은 사람

  – 생산성이 높은 사람

  – 열정적 인재

  – 성장형 인재

  – 한 번에 잘하는 사람

- 록 스타를 위한 사다리를 만들어라. 다른 사람을 관리하지 않는 록 스타들도 능력을 인정받을 수 있도록 별도의 승진 코스를 만들어라.

- 스타 선수들에게 스타라고 말해 주어라. 우리에게 큰 계획이 있고 지금 자리를 굳건히 지키면 보상이 따라올 것이라고 말해라. 우리와 함께할 때 미래가 밝을 것이라고 믿는다면 경쟁사로 이직할 가능성이 낮아진다. (물론, 우리는 우리가 세운 큰 계획을 실행하고 그에 따른 보상을 해주어야 한다.)

16

상사 관리법

할리우드 영화에 등장하는 상사들의 모습은 마치 우리 같은 현실 속 상사들에게도 그런 전지전능한 힘이 있을 것이라는 오해를 불러일으킨다.

현실에서 관리자가 막강한 힘을 휘두르는 상사가 되는 경우는 극히 드물다. 우리는 길고 긴 지휘 체계에 속한 수많은 관리자 중 한 명일 공산이 크다. 간혹 구멍가게나 소규모 홍보 대행사 같은 영세한 1인 회사에서는 사장 혼자서 모든 일을 독단적으로 결정하기도 한다. 하지만 대부분의 회사, 특히 대기업의 조직은 이런 구멍가게처럼 굴러가지 않는다.

일반적인 규모의 개인 회사에서는 가장 직급이 낮은 관리자가 소수의 팀원을 감독하고, 그 관리자를 감독하는 중간관리자가 순차적으로 있을 것이다. 대기업에서는 CEO를 대면하기까지 이런 중간관리자가 여러 단계나 이어질 수도 있다.

CEO라면 막강한 힘을 휘두를 것 같지만, 사실 CEO도 이사회에 보고를 한다. 이사진 중 일부는 회사 투자가들이고 대개는 벤처 캐피털 회사일 것이다. 그리고 이 벤처 캐피털 투자가들에게도 대개는 '유한책임사원'이라는 상사가 존재한다. 유한책임사원은 연금 기금, 보험회사, 금융재단 같은 큰 금융기관에서 나온 투자가들이다. 감이 오는가? 이 유한책임사원들도 회사 내에 상사가 있다. 그리고 이 회사에도 CEO가 있고 CEO에게는 이사진이 있다.

이처럼 상장 기업, 즉 유가증권시장에 등록되어 주식이 거래되고 있는 기업들은 유사한 조직 구조를 갖추고 있다. 이사들은 투자가들에게 묶여 있고 이 투자가들은 회사로부터 모든 면에서 성장을 이루라는 압박을 받는다.

이것이 실제 경영관리의 모습이다. 아랫사람들은 우리 같은 관리자들을 엄청난 야수처럼 여길지 모르지만, 사실 우리 위에 있는 야수들이 몇 배는 더 무시무시한 사람들이다.

유감스럽게도, 이 같은 지휘 체계는 문제가 발생하면 직속 상사에게 문제를 넘기게 만든다는 단점이 있다. 물론 그 의도는 순수하다. 누구도 실수하는 것을 원하지 않는다. 그래서 자신이 내린 결정에 상사가 동의해 주기를 바란다. 팀장은 현장에 문제가 없는지 알고 싶어 하고 팀원들은 업무 완수를 위해 팀장의 인가를 필요로 한다.

이것이 '내 어깨 위의 원숭이' 문제를 일으킨다. 이 문제는 〈하버드 비즈니스 리뷰〉에 실린 1974년 기사에서 따온 명칭이다. 〈하버드 비즈니스 리뷰〉에 따르면 이 기사는 '자사 역대 기사 중 가장 많이 팔린 기사 두 편 중 하나'다. 윌리엄 온켄 주니어와 도널드 와스가 쓴 이 기사에는 관리자 1명과 이 관리자에게 계속 도움을 요청하는 4명의 직원이 그려져 있다. 이 직원들은 문제가 생길 때마다 상사를 찾아가 해결해 달라고 한다. 온켄과 와스는 직원들이 상사에게 문제를 해결해 달라고 할 때마다 직원들의 어깨 위에 있던 원숭이가 상사의 어깨로 옮겨 간다고 지적한다. "이 네 사람이 사려심도 깊고 상사의 시간도 배려하는 사람들이라고 가정해 보자. 이들은 각자의 어깨에서 원숭이를 하루에 딱 세 마리까지만 상사에게 넘기려고 애쓴다. 그럼 주 5일 동안 관리자는 시끄러운 원숭이 60마리를 떠맡게 되는 셈이다. 하나하나 처리하기에는 많아도 너무 많은 숫자다."

온켄과 와스는 이 불운한 관리자가 어떻게 일을 해결하는지도 묘사한다. 토요일 오전에도 사무실에 나와서 밀린 일을 처리하는 것이다. "그는 다음 날 아침 일찍 출근해, 사무실 창문 바로 맞은편에 있는 골프장에서 4인조 경기가 펼쳐지고 있는 모습을 보게 된다. 그 4명이 누구겠는가?"

"나 대신 이 문제를 어떻게 해결하겠나?"

해답은 팀원들에게 스스로 문제를 해결할 힘을 주는 것이다. 적어도 팀원이 문제를 들고 찾아왔을 때 "이 문제를 나 대신 어떻게 해결하겠나?"라는 질문에 대한 대답을 자주 듣도록 훈련시켜야 한다.

모든 문제를 말단 직원들에게 떠넘기자는 게 아니다. 그건 말도 안 되는 발상이다. 그보다는 모든 팀원이 두 발 앞서 생각하게 하고 스스로 문제를 해결할 힘을 주자는 것이다. 팀원 스스로 문제를 해결하는 게 더 빠른 길인데도 굳이 팀원의 문제를 팀장의 문제로 만들 필요는 없다.

원숭이 60마리를 떠안은 관리자 얘기로 다시 돌아가면, 문제를 위임한다고 해서 모든 문제가 즉시 해결되지는 않는다. 단지 원숭이를 직원들의 어깨로 다시 넘긴 것뿐이고 직원들은 그 문제를 해결할 수도, 해결하지 못할 수도 있다. 어쩌면 직원들을 절망 속으로 밀어 넣는 결과가 초래될지도 모른다. 원숭이 60마리가 사방에서 날뛰고 있고 상사로부터는 아무런 언질도 받지 못했으니 말이다.

이때 필요한 게 우선순위 정하기다. (우리는 생산성을 높이는 법에서 우선순위의 가치에 대해 배웠다.) 대개, 일의 순서를 매기는 것은 팀원에게 매 순간 가장 중요한 일을 하도록 보장하는 일이다. 그러려면 팀원들에게 가장 덜 중요한 일을 내버려 둘 권한이 있어야 한다.

하지만 그보다 더 중요한 일은 팀원이 팀장에게 우선순위를 정해 달라고 말할 수 있는 권한도 보장되어야 한다는 것이다. 팀원들이 60가지 문제를 안고 있다면 일주일 안에 그 문제를 모두 해결하는 것은 일반적으로 불가능하다. 따라서 팀원들이 팀장에게 와서 이렇게 말할 수 있어야 한다. "이걸 다 처리할 순 없습니다. 어떤 일을 먼저 할까요? 혹시 당장 처리하지 않아도 될 일이 있을까요?" 이때 팀장은 비교적 사소한 문제를 팀원들의 책상에서 즉시 치워 줄 수 있어야 한다.

다른 말로 하면, 우선순위와 제거의 기술이 필요하다.

팀원이 잘한 일을 윗선이 알게 해라

일반적으로 사람들은 상사에게 문제를 가져가 해결책을 요구하는 일을 편하게 느끼지만, 원숭이 문제는 반대의 이면도 있다. 사람들은 잘된 일은 상부에 보고하지 않는다. 경영진은 현장에서 무슨 일이 벌어지고 있는지 생각보다 훨씬 더 모른다. 언뜻 이해가 되지 않는 대목이다. 우리는 상사의 눈앞에서 일을 한다. 말 그대로 상사는 하루 종일 우리가 일하는 모습을 볼 수 있다. 이런 상황에서 왜 소통에 문제가 생길까?

하지만 관리자가 되는 순간, 직원들이 잘한 일조차 상사에게 말하기를 꺼린다는 사실을 알게 될 것이다. 사람들은 상사의 시간을 낭비하고 싶어 하지 않는다. 과시하는 것도 원하지 않고 아첨꾼으로 비치는 것도 싫어한다. 상사가 원하는 게 있으면 알아서 요청하겠지 생각한다. 상사의 요청이 없으면 이미 필요한 정보를 얻었을 것이라고 추측한다.

그 결과 상사는 맹목비행을 할 수밖에 없다. 팀장 바로 옆자리에서 일했는데도 "도대체 일이 어떻게 돌아가고 있는지 알고 싶을 뿐이에요"라고 말했던 데이브를 잊지 말자. 소통이 되지 않는 회사 안에서는 충분히 이런 일이 벌어질 수 있다. 사람들은 같은 공간에 있으니 다 같은 마음이라고 생각한다. 그런데 그렇지가 않다.

이런 지휘 체계 안에서는 정보가 어떻게 위아래로 이동하는지, 그리고 왜 중요한지 올바르게 인식할 필요가 있다.

정보를 밑으로 내려보내는 것은 대체로 쉬운 편이다. 더 어려운 것은 좋은 정보를 다시 위로 올려 보내는 것이다. 이때, 올려 보낸다는 것은 관리자에게 올라온 정보를 그 위에 있는 관리자들에게 올려 보내는 것도 포함한다. 관리자는 팀원들이 의미 있게 일군 일의 가치를 옹호하고 지켜 내며 다른 사람들에게 보여 줄 수 있어야 한다. 팀원들이 한 일은 팀장의 얼굴이 된다. 팀장 위의 관리자들도 그 일을 알게 해야 한다.

마찬가지로, 팀원들이 자신의 업무를 확인 가능한 데이터와 함께 팀장에게 보고하도록 해야 하는 것도 바로 이런 이유에서다.

양방향 소통의 기본은 보고다

그러므로 상사 관리는 두 가지 방향으로 이뤄져야 한다.

1. 당신이 하는 일을 직속 상사에게 보고하기. 당신의 팀이 한 일의 가치를 상부에 알려야 한다.

2. 팀원들에게 자신이 한 일의 결과를 팀장에게 보고하도록 가르치기. 간과하기 쉬운 문제지만 좋은 관리자가 되는 한 가지 방법은 팀원들이 팀장의 지시를 받는 것만큼이나 팀원들도 자주 팀장에게 보고하도록 가르치는 것이다.

상사 관리, 다시 말해 양방향으로 꾸준하게 소통하는 일은 상당히 저평가된 기술이다. 상사 관리는 단순히 문제를 위나 아래로 떠넘기는 게 아니다. 가장 바람직한 모습은 자신이 관리하고 있는 프로젝트를 전체적으로 파악하고, 아랫사람들과 윗사람들이 모두 이 프로젝트를 더 쉽게 운영할 수 있도록 돕는 것이다.

10초 요약정리

- 대부분의 관리자는 지휘 체계 안에 속한다. 따라서 전지전능한 힘 같은 것은 없다.

- 지휘 체계 위아래를 두루 관리할 필요가 있다.

- 데이터가 없으면 부하 직원들이 하고 있는 일을 파악하기가 생각 외로 어려울 수 있다.

- 팀이 하고 있는 일의 가치를 데이터로 정리해 상부에 전달해라.

- 직원들도 마찬가지로 확인 가능한 데이터와 함께 팀장에게 보고하도록 가르쳐라.

- 직원들이 자신의 어깨 위 원숭이를 당신에게 맡기게 두지 마라.

- 직원들에게 스스로 문제를 해결할 권한을 줘라.

- 우선순위 정하기는 교착상태를 해결해 준다.

- 직원들이 모든 일을 한꺼번에 해결하려고 애쓰지 않도록 당신에게 우선순위를 정해 달라고 요청할 권한을 줘라. 상사에게 일의 우선순위를 정해 달라고 요구할 수 있다는 사실을 직원들이 알아야 한다.

17

미래의 관리자를
알아보는 법

지금까지는 아주 순조롭다. 당신은 직원들이 신뢰감을 주고 유난을 떨지 않으며 높은 생산성을 내도록 격려하고 있다. 이들은 한 번에 잘하는 열정적 인재와 성장형 인재들이고 상사 관리도 잘한다.

하지만 이것은 모두 지금 하고 있는 실무를 잘할 수 있게 해 주는 자질들이다. 팀원 중 한 명을 승진시켜야 한다면 우리는 앞으로 관리자 역할도 잘 해낼 수 있는 자질을 갖춘 사람을 찾아야 한다.

그런 자질은 어떤 것일까? 여기에 한 예가 있다. 예전에 전 직장 동료(로빈이라고 하자)가 블룸버그에서 겪은 악몽 같은 프로젝트에 대해 얘기해 준 적이 있다. 블룸버그는 매년 전 세계 세법 변화에 대한 논평을 발간한다. (나도 안다. 세법이다. 너무 흥분하지 말자.)

이 논평은 크고 복잡한 프로젝트인 데다, 연장이 불가능한 연간 세금 신고 마감일까지 발간을 마쳐야 한다. 이 세금 논평은 114개국을 다루고 있기 때문에 작년 이후 각국 세금 규정이 어떻게 변동되었는지 안내서를 작성해 줄 변호사를 각국에서 찾아야 한다. 또 안내서가 완성되면 여러 에디터의 손을 거쳐 법률, 전문 편집, 규정 준수 등의 검토를 받아야 한다. 전 세계 수천 명의 변호사와 세무사들이 동원되는 이 안내서는 무슨 일이 있어도 제시간에 발간되어야 한다.

원래는 매년 간단히 업데이트만 이뤄진다. 하지만 이번에 블룸버그 에디터들은 새로운 포맷으로 안내서를 발간하기를 원했다. 그러나 이 일 때문에 작업량이 3배가 되리라고는 꿈에도 생각지 못했다.

로빈이 전한 이야기에 따르면 마감일을 맞추기 어려운 섹션을 레드 코드로 분류하기 시작했더니 얼마 안 가 안내서 대부분이 레드 코드 상태였다고 한다. 안내서를 제때 발간할 가능성은 제로였다.

블룸버그 고객들은 연간 구독료로 수만 달러를 지불한다. 발행이 늦어지는 것은 엄청난 실패였다. 이는 저널리스트 개개인에게도 악몽 같은 일이었다. 마감일은 연장할 수 없고 그때까지 도저히 프로젝트를 끝낼 방도가 없다는 사실은 말로 다 할 수 없는 공포였을 것이다.

로빈의 해결책은 대단하진 않았지만 효과가 있었다. 그는 상부에 상황을 설명하고 마감일을 맞출 수 있게 에디터들을 더 채용하게 해달라고 설득했다. 또한 단 한 번만 발간되는 단독 상품을 2부작 패키지로 바꾸어 1부는 기존 마감일에, 2부는 몇 주 후에 발간하도록 조정했다. 이렇게 그의 팀은 '일부분'을 제시간에 내보내는 사이 서둘러 나머지 일을 완수했다.

이보다 더 아찔한 사례는 얼마든지 있다! 하지만 이 일화는 내게 다음과 같은 사실을 알려 주었다.

○ 로빈은 회사가 큰 문제에 맞닥뜨렸다는 사실을 사전에 인지했다.

○ 그는 이 문제를 해결할 계획을 제시했다.

○ 결국 그 일은 무사히 끝났다.

로빈은 내가 같이 일해 본 관리자 중 가장 탁월한 사람이었다. 이는 로빈이 레벨 4 행동을 보였기 때문이다.

간단히 말해서, 레벨 4 직원은 자기 일에 숙달된 것은 물론, 당장 관리직에 앉아도 될 만큼 관리자의 일을 잘 이해하는 사람이다. 레벨 4 직원은 훌륭한 승진 후보감이다.

내게 레벨 4 아이디어를 가르쳐 준 사람은 내 동료이자 인사이더 시장조사팀의 전략 부사장인 존 헤게슈텐이었다. 2018년, 존은 승진 희망자를 위한 상담 칼럼을 썼다. 인사이더에 실린 이 기사는 직장에서 문제를 어떻게 해결하느냐에 따라 직원을 네 가지 유형으로 나누었다. (직접 읽어 보고 싶은 사람들을 위해 알려 주자면, 원문 기사의 제목은 '당신이 일 잘하는 직원이라는 걸 상사에게 보여 주기 위해 말해야 할 것들Here's exactly what to say to show your boss that you're good at your job'이며 2018년 11월 15일에 발행되었다.)

네 가지 레벨 유형은 다음과 같다.

레벨❶ 문제가 생겼어요. 어떻게 해야 할까요?

이는 문제를 해결하는 최하수의 방법이다. 이 직원은 관리자에게 문제를 대신 해결해 달라고 부탁하고 있기 때문에 사실상 더 많은 일을 만들어 내고 있다. 이 직원은 승진할 준비가 되어 있지 않다. (근무한 지 오래됐는데도 여전히 이런 식으로 일한다면 이 직원을 다른 사람으로 대체할 방법을 고려해 봐야 한다.)

레벨❷ 문제가 생겼어요. 해결 방법으로는 이런 것들이 있어요.

관리자에게 문제를 던져 주는 것은 이 레벨 2 직원도 마찬가지다. 이 직원 역시 문제를 해결하기보다는 일을 만들어 내고 있다. 하지만 최소한 문제를 해결하기 위해 고심은 하고 있다. 문제를 해결할 방법을 생각했다는 걸 보여 주는 것은 레벨 1보다는 한 수 위라는 표시다.

레벨❸ 문제가 생겼고 이런 옵션들이 있었어요.
전 이 방법을 선택했고 이유는 이러해요. 문제는 해결됐어요.

이 유형은 분명 회사 사정을 훤히 알고 있고 일을 완수하고자 한다. 또한 관리자에게 지속적으로 보고를 하고 있다. 이 직원은 경영진의 개입 없이도 문제를 해결할 만큼 신뢰할 만하기 때문에 믿음직한 구석이 있다. '문제는 해결됐어요'라는 말은 바쁜 관리자의 귀에 음악처럼 들린다. 더 해야 할 일이 없기 때문이다.

레벨 ❹ 이런 문제가 예상되고, 해결 방법도 몇 가지 생각해 뒀어요.

이 직원은 단순히 일만 잘 처리하고 있는 게 아니다. 아직 나타나지 않은 문제까지 예상해 그 예방책을 생각하고 있다. 관리자의 필요를 예측하고 그 필요를 맞출 방법을 강구하고 있는 것이다. 이 직원은 한 수 위에서 일하고 있다.

10초 요약정리

- 직원 중 한 명을 승진시켜야 한다면 관리자 역할도 잘 해낼 수 있는 자질을 갖춘 사람을 찾아야 한다.

- 레벨 4 직원을 찾아라. 이들은 문제가 나타나기 전에 이를 예측하고 해결하려는 사람들이다.

- 레벨 1 직원은 늘 상사에게 달려가 문제를 해결해 달라고 부탁한다.

- 레벨 2 직원은 해결책을 찾긴 하지만 여전히 상사가 대신 결정해 주길 바란다.

- 레벨 3 직원은 상사 대신 문제를 처리한 후 상황을 보고한다.

- 레벨 4 직원은 문제를 사전에 예측하고 이런 문제가 나타나기 전에 전략을 제시한다.

18

개인 업무 평가하는 법

몇 년 전 나는 두어 해 만에 단 3명에서 약 30명으로 늘어난 부서를 관리하고 있었다. 하지만 여전히 이 부서를 소규모 팀처럼 운영할 때가 많았다. 모든 직원이 한 테이블에 앉아 말소리가 다 들리는 상태에서 서로 한마음으로 일하고 있다고 가정하고 있었다. 다른 말로 하면, 오케스트라를 지휘해야 할 사람이 지인들을 위한 4인 식사 모임을 이끌고 있었다.

어떤 직원의 연간 업무 실적을 평가할 때였다. 이 직원을 조지라고 부르자. 나는 내 업무를 지원하는 팀장 6명과 회의를 연 후 조지의 1년간 실적이 어땠는지 물었다. 다들 조지가 마음에 든다고 했다. 조지는 훌륭한 직원이고 상사가 요청하는 일은 무엇이든 할 사람이라고 했다. 몇 가지 일화까지 들며 조지와 함께 일하는 게 얼마나 즐거운지 말했다.

"멋지네요." 내가 말했다. "그런데 조지가 작년 한 해 동안 정확히 어떤 일을 성취했죠?

팀장들이 하나같이 멍한 표정이었다. 알고 보니 조지는 본인의 잘못과 무관하게 이 팀에서 저 팀으로 옮긴 상태였다. 그를 담당한 팀장이 퇴사하면서 다른 팀장 밑으로 들어가게 되었고 그사이 직무도 바뀌었다. 그 결과 조지를 책임지는 사람이 아무도 없게 된 것이다. 그의 업무를 꾸준하게 추적하고 있는 관리자가 아무도 없었다. 나는 분노했다. 시트콤에나 나올 법한 잘못된 관리의 표본이었다.

"그렇군요. 그러니까 여러분 중 아무도 조지의 실적을 추적하지 않았다는 말이군요? 따라서 조지를 승진시킬지 내보낼지 알 수 없다는 거고요?"

나는 팀장들에게 조지가 작년 한 해 동안 올린 실적을 꼼꼼히 추적한 후 실질적인 데이터로 정리해 오라고 지시했다. 다행히, 2주간의 조사 끝에 조지가 회사의 주요 프로젝트 몇 개에 참여했다는 사실을 파악할 수 있었다. 조지는 합당한 대가를 받을 자격이 있었다. 결국 우리는 그의 임금을 인상했다.

다들 느꼈겠지만 이것은 조지에게 무척 불공평한 상황이었다. (나를 비롯한) 관리자들은 그의 실적을 월별로 추적, 분석, 제시하는 일을 놓침으로써 조지에게 불리한 상황을 만들었다. 회사는 부하 직원 개개인의 업무 수행 능력을 측정하고 실적 부진 요소를 찾아내는 능력에 근거해 관리자를 채용하거나 해고하고 승진을 시키거나 보상을 한다. 우리가 끝까지 무관심했더라면 조지는 직장을 잃었을지도 모른다. (물론 조지에게는 이런 속사정을 밝히지 않았다!)

반드시 기억하자. 객관적인 데이터로 직원의 실적을 추적하면 우리가 조지에게 했던 것처럼 개인적 경험에 근거해 직원을 관리하는 잘못을 예방할 수 있다. 조지가 같이 일하기 좋은 동료이고 인기 많은 직원이라는 것은 좋은 일이다. 하지만 앞서 설명했듯이 업무는 인기 콘테스트가 아니라 일의 완수 여부를 따지는 콘테스트다.

관리자로서 우리가 내리는 결정은 직원들에게 경제적인 면에서나 커리어적인 면에서나 대단히 중요하다. 따라서 우리의 결정은 정확해야 하며 이를 위해서는 직원들이 지난 업무 평가 이후 이룬 성과를 폭넓게 검토해야 한다. 최근의 실적만 봐서는 안 된다. 머릿속에 박혀있는 것만 봐서는 안 된다. 일화나 인상에 근거해서도 안 된다.

일반적으로 관리자는 확인 가능한 데이터와 친해져야 한다. 팀원이 어떤 업무를 하든 그 결과를 장기적으로 추적할 수 있는 숫자로 바꿔라. 직원이 목표를 달성했는가, 달성하지 못했는가? 실적이 기대 이상인가, 기대 이하인가? 승진이 가능할까, 불가능할까? 숫자는 이런 질문들에 답해 줄 수 있다. 지난 몇 주간의 실적만이 아니라 12개월 이상의 장기적인 실적을 추적해라.

효과적인 목표의 세 분류

물론 인간은 로봇이 아니다. 품질 역시 중요한 요소다. 우리는 직원들이 새 프로젝트에 필요한 창의성과 의욕, 책임감을 발휘하고 신사업 개발에 선뜻 나설 수 있도록 업무 평가회의 때 직원들을 위한 목표를 설정해 줘야 한다. 이 중 어떤 요소들은 스프레트시트로 나타내기가 쉽지 않을 것이다. 우리는 직원들이 양과 질 두 가지 측면에서 모두 빛날 기회를 줘야 한다.

나는 직원들에게 매 분기에 달성할 주요 목표 세 가지를 제시할 것을 추천한다.

- ○ 정량적 목표: 숫자로 객관적으로 측정할 수 있는 요소
- ○ 정성적 목표: 일에 대한 의욕이나 정밀도, 범위의 상향
- ○ 맞춤형 목표: 직원 개개인의 상황을 고려한 '와일드카드'

이 목표들은 해당 직원이 이전 분기에 무엇을 달성했고 다음 분기에는 무엇을 달성할지 모두가 볼 수 있도록 문서로 공유해야 한다. 분기별 업무 평가가 좋은 이유는 관리자가 직원들의 실적을 검토한후 그 공로를 인정할 수 있게 해 주기 때문이다. 조지의 사례에서 볼수 있듯이, 관리자가 직원들의 활약을 모두 보고 있는 것은 아니다. 분기별 업무 평가는 관리자가 직원들의 취약한 부분과 개입이 필요

한 부분을 알 수 있도록 도와준다. 또는 애초에 달성하기 어려운 목표라는 사실을 깨닫고 관리자가 목표를 재고하게 될 수도 있다.

어쨌거나 목표는 말 그대로 목표, 즉 도전적이면서도 실현 가능한 것이어야 한다. 목표가 단순히 기본적인 직무 활동을 기술한 것에 불과해서는 안 된다. 달리 말해, '정시 출근' 같은 걸 목표로 세우고 있다면 한참 잘못하고 있는 것이다.

직원들이 회사에 대해, 더 큰 그림에 대해, 자신들이 그 그림의 어디에 잘 맞는지에 대해 질문할 수 있도록 업무 평가의 마지막 부분은 열어 두어야 한다. 그동안 직원들과 일대일 시간을 많이 갖지 못했다면 특히 이런 시간이 유용하다. 사람들은 심령술사가 아니다. 그들은 관리자가 무슨 생각을 하고 상황을 어떻게 보고 있으며 비즈니스에서 어떤 걸 좋은 것으로 여기고 어떤 걸 나쁜 것으로 여기는지 알지 못한다. 안타깝게도, 사람들은 심령술사가 아니기 때문에 멋대로 상황을 해석하고 그 해석은 한참 빗나갈 수 있다. (연막전술을 막아야 하는 또 다른 이유가 바로 여기에 있다.) 모든 직원이 한마음으로 일하길 원한다면 분기별 평가가 그 유용한 도구가 되어 줄 것이다.

10초 요약정리

- 관리자는 모든 팀원을 대상으로 분기에 한 번씩 공식적인 개인 업무 평가 일정을 잡아야 한다.

- 업무 평가 시에는 직원들이 (숫자로 측정되는) 정량적 목표와 (심사를 통해 평가하는) 정성적 목표를 모두 달성했는지 봐야 한다.

- 업무 평가 시에는 장기적인 성과를 관찰할 수 있도록 긴 안목으로 최소 지난 9개월간의 실적을 되짚어 봐야 한다.

- 업무 평가에는 양질의 데이터가 포함되어야 한다.

- 직원이 얼마나 발전했는지 솔직하고 투명하게 논의해라. 좋은 직원들은 자신이 잘한 일엔 칭찬과 신뢰를 원하지만 결과가 좋지 못한 일엔 지도와 지원 또한 원한다.

- 업무 평가는 다음 분기 목표를 설정하는 데 활용해야 한다. 직원에게 기대하는 목표가 무엇인지 분명히 기록해라.

- 각 팀원에게 분기별로 달성할 주요 목표 세 가지를 정해 줘라. 세 가지 미만이면 3개월 안에 달성하기가 너무 쉬울 것이고 세 가지를 넘어가면 벅차게 느껴질 것이다.

- 하의상달 방식을 원한다면 직원들에게 회의 전에 스스로 자신의 업무 평가를 해 보게 해라. 이 방법으로 직원이 자신의 목표 달성도를 현실적으로 생각하고 있는지 알 수 있다.

19

보상을 위한 협상법

2018년 봄에 비트코인이 (다시) 난리가 났다. 가격이 1만 9,000달러 (약 2500만 원) 가까이 치솟았는데 당시로서는 아찔한 가격이었다. 다양한 암호 화폐 사업과 그 기반이 되는 블록체인 기술에 투자금이 몰리고 있었다. 인사이더에 비트코인 관련 기사가 실릴 때마다 구독자들의 관심이 엄청났다. 비트코인 투자자들과 일확천금을 바라는 순진한 일반인들이 암호 화폐 시스템에 관한 정보를 나오는 족족 빨아들이면서 우리 기사는 자주 입소문을 탔다.

이러한 관심은 세계 핀테크 기업(금융기술회사)의 수도인 런던에서 특히 열렬했다. 벤처투자자들은 기존 은행업을 저지하고자 하는 수많은 신생 기술스타트업에 수억 달러를 집중 투자했다. 개중 몇몇은 다들 들어 본 적이 있을 것이다. 예를 들면, 트랜스퍼와이즈

Transferwise(현 와이즈) 같은 외화환전회사, 레볼루트Revolut 같은 온라인 은행, 조파Zopa 같은 P2P 융자투자회사, 고카드리스GoCardless 같은 직불카드 대체 앱이 있다.

하지만 인사이더에는 런던에서 암호 화폐를 전담으로 취재할 기자가 없었다. 우리에겐 적임자가 필요했다. 그래서 나는 암호 화폐 전문가인 경쟁사 리포터에게 연락해 만나자고 했다. 암호 화폐는 매우 복잡해 암호 화폐의 작동 원리를 이해하고, 흥미로운 기삿감을 지속적으로 제공해 주는 양질의 네트워크를 확보한 저널리스트가 별로 없었다. 당시 암호 화폐를 제대로 이해하는 기자는 런던에 10명도 안 됐을 것이다. 전 세계적으로도 10~20명 정도 더 있었을 뿐이다.

우리는 런던 쇼디치의 남쪽 끝에 있는 알드게이트의 르망 로커 호텔 안 카페에서 만났다. 최신 유행 스타일로 장식된 르망 카페의 2층은 밝고 바람이 잘 통했고 삼면에 난 창들이 아래 거리를 내려다보고 있었다. 또한 스칸디나비아풍의 윤기 도는 목재와 금속 노출 난간으로 실내장식이 되어 있었고, 바 위쪽에 분재 식물들이 매달려 있었다.

내가 만나자고 한 기자는 먼저 도착해 있었다. 그는 전형적인 쇼디치 힙스터 스타일로, 프레임이 두꺼운 트렌디한 안경에 염소수염을 하고 손질하기 힘든 머리를 젤로 쓸어 넘긴 모습이었다. 또한 의도적으로 복고풍의 체크무늬 재킷을 입었으며, 꾸민 듯 안 꾸민 듯

연출하느라 오랜 시간을 보낸 듯했다.

우리는 가볍게 업계 얘기를 나눴다. 내가 그의 업계 지식을 높이 사는 동안, 그는 소식통들이 (그의 기사에 언급될 때 딸려 오는 광고 효과를 바라고) 앞다투어 자신을 찾고 있다는 사실과 자신을 채용하려는 잠재적인 고용주가 많다는 사실을 대놓고 즐기고 있는 눈치였다.

마침내 내가 빙빙 돌려 말했다. 우리 회사로 올 생각이 있는지? "사양하겠습니다." 그가 말했다. 다시 빙빙 돌려 말해 봤지만 그는 지금 회사에 만족하기 때문에 이직할 생각이 없다고 재차 밝혔다.

저널리스트들의 임금은 대체로 형편없다. 이런 연유로 많은 저널리스트는 지금 직장이나 다른 직장이나 보수는 거기서 거기라는 결론을 내린다. 이는 사실이 아니다. 실제 미디어 업계에서 임금은 천차만별이다. 값진 전문 지식과 특출한 네트워크, 높은 수준의 소식통, 다년간의 경험을 갖춘 최상위 저널리스트들은 상당한 보수를 받는다. 내 앞에 앉아 있는 상대도 다른 저널리스트들처럼 이 사실을 모르는 것 같았다.

나는 포기하지 않았다. 어떻게 하면 우리 회사로 오겠냐고 물었다. 그러나 그는 미끼를 물 생각이 없었다. "지금 당장은 이직할 생각이 없습니다."

"그래도 최소한 조건은 들어 봐야 하지 않나요?" 내가 물었다.

"괜찮습니다." 그가 말했다.

나는 협상 테이블에 놓인 미끼에 흥미를 보이지 않는 그의 모습에 점점 좌절했다. 그래서 도박을 걸어 보았다. "현재 연봉이 얼마나 되는지 말해 봐요. 그 2배를 줄게요." 내가 말했다.

나는 그가 현재 얼마를 받고 일하는지도 몰랐고 내가 이 약속을 지킬 수 있을지도 몰랐다. 그저 그의 관심을 끌어서 그의 시작점이 어디인지 알아내고 싶었다.

잠시 정적이 흘렀다. 그러더니 그가 고개를 저었다. 심지어 금액을 제시하지도 않았다. 내가 자신에게 얼마를 줄 수 있는지 묻지 않았다. 그저 이직할 마음이 없다고만 재차 말했다.

나는 웃으며 계산을 하고 사무실로 돌아오면서 생각했다. '대체 이 동네에서는 임금을 얼마나 올려 줘야 하는 거야?'

나는 구직자 면접을 수백 번 해 봤고 또 수백 번이나 임금 협상을 해 봤다. 그런데 의외로 이런 자리에서 돈 얘기를 꺼내는 사람이 무척 드물었다. 물어보지 않으면 우리 앞에 어떤 기회가 놓여 있는지 절대 알 수 없다.

팀원의 임금 인상률 정하는 법

직장인은 누구나 어느 시점이 되면 임금 얘기를 꺼내고 협상할 준비를 해야 한다. 지금부터 하는 얘기는 관리직이든 아니든 임금 협상을 앞둔 누구나 알아 두어야 할 조언이다.

관리자로서 당신은 아마도 팀원들의 임금 인상률을 정하는 역할을 맡을 것이다. 물론 당신도 승진을 하게 되면 임금 인상 제안을 받게 된다. 그러니 당신을 위해서나 직원을 위해서나 임금 협상이 실제로 어떻게 이루어지는지 배워 두는 것은 가치 있는 일이다.

이번 장에서는 협상 테이블의 양쪽 편에서 알아야 할 임금 협상과 승진, 보상에 대해 다룬다.

나쁜 협상이란 무엇인가

한 해 업무 실적 평가를 받은 직원이 이렇게 말하는 것은 매우 흔한 일이다. "저는 이만큼 받을 자격이 있어요. 올해 정말 열심히 일했고 팀장님이 시키는 건 뭐든지 했거든요. 그런데 비슷한 직급의 다른 사람들보다 제 월급이 적더군요. 그러니 저도 임금을 올려 받을 자격이 있다고 생각해요."

이는 충분한 사유가 되지 못한다. 성실하게 자기 일을 하고 상사의 지시를 따르는 것은 고용의 최소 요건이다. 이런 것들은 그 일의 가치가 올라갈 만큼 생산성이 높다는 증거가 아니다. 나보다 일을 많이 하는 사람은 널리고 널렸다. 그게 인생이다. 일을 많이 한다는 생각만으로는 임금을 올릴 가치를 입증하지 못한다.

충분한 사유가 되려면

충분한 사유가 되려면 나의 생산성이 높고 업무 수준이 동료들에 비해 월등하게 높으며 나를 붙잡아 두는 게 좋은 투자라는 것을 사실과 데이터를 통해 분명하게 보여 줘야 한다.

여기서 핵심은 사실과 데이터다. 탁월한 성과를 분명한 데이터로 입증하는 사람의 연봉 제시를 거절하기란 무척 어려운 법이다.

그래서 어떻게 하란 말인가?

임금 협상은 업무가 시작되기 전에, 또 다음 업무 지시가 내려오기 전에 시작된다. 따라서 가장 먼저 해야 할 일은 이것이다.

연락이 오면 받아라

나는 업무 시간의 대부분을 채용하는 데 썼다. 공석이 된 관리직 한 자리를 채우기 위해 90명 넘게 심사하거나 면접을 봤다. 이중 다수는 내가 경쟁사에서 영입하고 싶은 사람들이었다. 물론 공개 채용 공고도 냈다. 그와 동시에 다른 브랜드에서 탁월한 실력을 보여 준 특정인 10여 명에게 메시지와 메일, 편지를 보냈다.

경쟁사에서 인재를 영입하려고 할 때 가장 놀라운 점은 연락을 받아주는 사람이 의외로 적다는 것이다.

스카우트 연락을 받지 않으면 우리에게 어떤 혜택이 주어지고 얼마나 많은 돈을 받게 될지 절대 알 수 없다. 별로 원하지 않은 일이라도 상관없다. 핵심은 그게 아니다. 연락을 받는 것은 다른 곳에서는 우리의 가치가 얼마나 되는지 알 수 있는 방법이다. (그리고 리크루터에게는 경쟁사 직원이 얼마를 받는지 알 수 있는 기회다.)

얼마를 줄 것인지 물어라

인맥을 활용해 조사를 해라. 경쟁 업체에서 일하는 친구나 동료들을 탐문해 시세를 알아내라. 내가 얼마를 받을 수 있을지 물어라. 그런 게 시장조사다.

면접관에게 현재 연봉을 말하지 마라

이는 임금 협상 자리에서 저지르는 대표적인 실수다. 고용주는 내가 지금 얼마를 받는지 모른다. 관리직들조차 생각보다 임금에 대한 정보가 별로 없다. 대다수 관리자들은 동료나 상사가 얼마를 버는지 모른다. 경쟁사 직원들의 연봉도 누구한테 들은 정보로만 알고 있다.

어떤 임금 협상이든 양 당사자는 시장 임금 인상률에 대한 불충분한 지식을 갖고 협상에 임한다. 그러니 현재 연봉을 무턱대고 말하는 것은 내가 아닌 상대의 정보력을 높임으로써 상대만 좋은 일을 시키는 것이다.

회사는 자기 직원이나 관리자의 가치가 얼마인지 알고 있다. 만약 우리가 7만 달러를 받는다고 말했는데 그 액수가 다른 사람들보다 적으면 고용주는 7만 달러에서 아주 살짝 연봉을 인상해 줄 것이다. 축하한다! 연봉이 소폭 올랐다! 그런데 알고 보니 다른 직원들은 9만 달러를 받고 있다. 그럼 얼마나 짜증 나겠는가.

많은 회사가 이전 연봉을 근거로 새 연봉을 정하기 때문에 미래 고용주에게 현재 연봉을 말하는 것은 기존의 임금 격차를 공고화한다. 그러니 내가 바라는 연봉만 제시하고 현재 받는 연봉은 말하지 마라.

이 덫을 피하려면 다음 두 가지를 해야 한다.

1. 자신과 같은 직원 또는 관리자들이 얼마를 받는지 현재 시세를 파악하고 있어라. 그 자리를 원하지 않더라도 연락을 받아라. 업계 친구들에게 얼마를 버는지 물어보고 인터넷으로도 조사를 해라. 우리가 얼마를 받을 수 있는지 대강은 알고 있어라.

2. 리크루터나 상사에게 내가 얼마를 받을 '필요'가 있는지 말해라. 이 금액을 현재 연봉에 얽매여 정할 필요는 없다. 꿈을 크게 가져라!

그래봤자 돌아올 최악의 반응은 거절일 뿐이다. 중요한 것은 협상을 두려워하지 않는 것이다. 보상은 엄밀히 말해 비즈니스다. 우리에게 협상이 필요한 때는 스카우트 제안을 받을 때와 정식 업무 평가를 받을 때다. 고용주로부터 우리 일의 가치를 최대한 인정받고자 하는 것은 현명한 처사다. 좋은 회사는 자신의 가치를 최대로 높이려는 직원에게 감점을 주지 않는다. (감점을 주는 회사가 있다면 그다지 좋은 회사가 아니니 링크드인 프로필을 업데이트하고 다른 곳으로 이직할 필요가 있다.)

회사마다 임금률이 다르다

물론 몇 가지 장애물도 있다. BBC는 누구나 탐내는 직장이므로 경쟁사들보다 연봉이 훨씬 더 낮다. 반면 블룸버그는 다른 회사들이 갖지 못한 수익성 좋은 비즈니스 모델을 가진 덕분에 경쟁사들보다 훨씬 더 높은 연봉을 지급한다. 그 비즈니스 모델은 풍부한 시장 정보를 확인할 수 있는 단말기를 높은 이용료에 납품하는 것이다.

비슷한 예로, 세계에서 가장 영향력 있는 IT회사인 애플 역시 많은 사람이 일하고 싶은 회사라는 이유로 다른 IT회사들에 비해 약간 더 적은 연봉을 지급한다. (정반대로, 인재들이 다 애플로 몰리기 때문에 후한 연봉을 지급하는, 더 오래되고 덜 번듯한 IT회사들도 있다.)

따라서 우리가 늘 희망 연봉을 부를 수 있는 것은 아니다. 그 액수는 어떤 회사냐에 따라 달라진다.

자신의 가치를 데이터로 입증하라

자신의 성과 데이터를 추적해라. 회사가 무엇을 가치 있게 여기는가? 디지털 미디어 업계에서는 기자나 에디터가 유인하는 구독자 수를 유심히 본다. 판매 업계에서는 직원의 총 판매액, 또는 금액과 무관한 판매 수량, 신규 고객 유치 수, 심지어 전화 콜 수 같은 일상적인 요소를 판단 기준으로 삼는다.

그 지표가 무엇이든 스스로 그 지표를 추적해라. 자신의 성과를 추적하는 일을 상사에게 맡기지 마라. 여기서 말하는 추적이란 말 그대로 이러한 정보를 스프레트시트에 일별 또는 주별, 월별로 기록하라는 뜻이다.

이렇게 하면 시간이 흐를수록 실적을 높이는 데 도움이 될 뿐 아니라 내가 동료들보다 잘하고 있는지, 못하고 있는지 쉽게 파악할 수 있다. 자신의 성과 데이터를 직접 추적하는 사람들은 의외로 적다. 대다수 사람들은 그 일을 회사에 맡긴다. 그것도 나쁘진 않지만, 자신을 가장 잘 대변해줄 사람은 바로 나 자신이다. 그러니 자신의 성과 데이터는 스스로 추적해라.

평균을 뛰어넘고 데이터로 입증하라

우리 생각과 달리 경영진은 보지 못하는 것이 많다. 다른 직원들이 평균적으로 사용자 트래픽, 구독자 수, 판매 수량, 계약 성사 수 등에서 얼마나 실적을 내는지 파악해라. 그리고 파악이 끝났으면 반드시 동료들의 평균치를 넘어서라.

자신의 성장도를 증명하라

회사는 우리가 달성할 목표를 제시해 주지만, 장기적인 관점에서 그 목표가 무엇인지는 사실 중요하지 않다. 가장 중요한 것은 우리가 시간이 흐를수록 꾸준하게 성장하고 있는가다. 회사들은 직원 개개인이나 특정 목표보다는 성장도에 투자하려고 하기 때문이다. 대박과 쪽박 기법을 활용해 결과치가 매달 조금씩 올라가게 해라. 이렇게 쌓인 이자는 복리의 마법을 일으켜 1년 내내 일 잘하는 직원처럼 보이게 해 줄 것이다.

또한 이 데이터를 스스로 추적하고 있기 때문에 임금 협상을 할 때 그 증거를 도표로 만들어 보여 줄 수도 있다.

상사가 달성해야 할 결과를 파악하고 그 결과를 달성하라

우리의 목표는 대부분 상사가 달성해야 할 목표에서 나온다. 그러니 그 목표가 무엇인지 파악하고 목표를 달성해라. 이는 고도의 지능이 필요한 일이 아니다. 상사의 성과를 높여 주면 상사는 얼마를 더 줘서라도 우리를 곁에 두려고 할 것이다. 이것이 바로 앞 장에서 다룬 레벨 4 행동이다.

새로운 일을 떠맡아라

자신이 맡은 기본 업무만 하는 것도 괜찮지만, 직무의 범위를 넘어서는 일을 했을 때 의견을 피력하기가 더 쉬워진다. 새 프로젝트를 이끌 수도 있고 신상품을 개발하는 것도 괜찮다. 꿈을 크게 가져라. 좋은 관리자는 변화에 유연하고 변화를 쉽게 받아들이는 직원을 높이 평가한다. 그런 면모를 보여 주는 방법이 바로 새로운 일에 앞장서는 것이다.

유난 떨지 말고 생산성을 높여라

앞에서 나는 유난스럽지 않고 생산성이 높은 직원을 무척 아낀다고 설명했다. 호들갑을 떨거나 분란을 일으키는 일 없이 훌륭하게 업무를 처리하는 것은 매우 가치 있는 일이다. 관리자가 전혀 걱정할 필요가 없는 직원이라는 것만으로도 가치가 있다.

"회사에서 제시한 연봉 인상률을 그대로 받아들였어요."

이런 말을 하는 사람들은 자신이 공격적으로 연봉 협상을 하지 않아서 연봉이 낮다고 생각하는데, 이는 진부한 생각이다. 마찬가지로, 악마처럼 협상하는 사람들이 결국 더 많은 연봉을 받는다고 믿는 것 역시 진부한 생각이다. 두 경우 모두 늘 그런 것은 아니다.

나는 업계의 연봉 시세를 파악해 임금 협상에 대비해야 한다고 생각하지만, 회사에서 제시한 연봉 인상률에 단순히 '예'라고 답하는 것도 사실 나쁘기만 한 전략은 아니라고 여긴다. 이익은 시간에 따라 복리가 된다. 잊지 말자. 올해 5퍼센트 인상이라 함은 내년에도 (지난 연봉의) 5퍼센트 인상 금액을 받는다는 뜻이다. 이익이 단 한 번으로 끝나는 게 아니라 매년 반복적으로 발생한다. 더할수록 더 많아지는 법이다. 그걸 감사히 여겨라.

내가 관리자에게서 빼앗는 에너지는 얼마인가?

이제 부정적인 측면에 대해 얘기해 보자. 내 상사가 현재 총 몇 명을 감독하고 있는지 세어 보자. 그리고 상사의 1주 총 근무시간을 팀원 수로 나눠 보자. 그 값이 평균적으로 상사가 내게 낼 수 있는 시간이다. 5인 팀을 감독하는 관리자가 내게 쏟을 수 있는 관심은 5분의 1뿐이다. 하루에 채 2시간도 되지 않는다. (하루 8시간을 5로 나누면 1.6시간이 된다.) 따라서 상사에게서 그보다 더 많은 시간을 빼앗고 있다면 그만한 가치가 있는 일이어야 한다. 비생산적인 문제로 상사의 시간을 다 잡아먹고 있다면… 부디 건투를 빈다. 아마도 팀의 골칫거리로 통하고 있을 테니 말이다.

회사는 그저 우리의 희망 연봉을 지급할 수 없거나 지급할 의사가 없는 것이다

우리가 요구하는 연봉이 지나치게 높아서 회사가 그 금액을 감당할 수 없는 경우가 있다. 또한 회사의 비즈니스 모델이 바뀌어서 우리 직무의 가치가 떨어졌을 수 있다. 잊지 말자. 이런 경우 회사는 우리를 계속 붙잡아 둘 필요조차 없다.

자신의 레버리지를 알아라

직장인들에게 레버리지는 딱 하나밖에 없다. 바로 회사를 나가겠다는 협박이다. 하지만 할리우드 스타나 TV 뉴스 앵커처럼 그 특정한 얼굴과 카리스마에 회사 전체의 존망이 달려 있는 대단한 사람이 아니고서는 이 협박 레버리지가 근본적으로 미약하다.

영업처럼 인맥이 중요한 개인적인 직무조차도 핵심 직원 하나가 퇴사했다고 해서 회사가 무너지는 경우는 매우 드물다. 퇴사는 대체로 잘 통하지 않는 협박이다. 따라서 이보다는 더 긍정적인 레버리지가 필요하다. 식초가 아닌 설탕을 활용해라.

나를 대체하는 게 얼마나 어려운지 산정하라

고객과 중요한 관계를 구축하거나, 가치 있는 정보원들과 친밀한 관계를 유지하거나, 난장판으로 돌아가던 일을 정상화시킨 직원이라면 대체하기가 힘들 수 있고, 따라서 임금 협상을 유리하게 끌고 갈 근거도 탄탄해진다. 고용주들은 특정 직원이 퇴사하면 얼마나 골치 아플지 종종 상상해 본다. 지금 이 일을 할 수 있는 사람이 오직 나뿐이라면 그 자체가 강력한 레버리지가 된다. 하지만 아무나 다 할 수 있는 일을 하고 있는 사람이 내미는 퇴사 카드는 아무 힘도 발휘할 수 없다는 걸 알아야 한다.

잊지 말자. 수많은 사람이 스스로가 대체하기 어려운 사람이라고 착각하고 있다.

내가 나가면 회사가 득을 볼지 고려하라

이런 생각을 하는 사람은 별로 없겠지만 간혹 경영진이 직원의 퇴사를 반기는 경우가 있다. 회사로서는 비용을 절감할 뿐 아니라 이 공석을 새로운 피로 채울 수도 있다. 어쩌면 그 돈을 다른 사람에게 쓰는 게 더 나을 것이다. 퇴사하겠다는 은근한 협박은 우리의 생각만큼 위협적이지 않을 수 있다. 뿐만 아니라 애사심이 없는 사람으로 찍힐 우려도 있다.

다른 직장을 알아보라

때로는 판에 박힌 일만 하거나 오랫동안 같은 일만 했다는 이유로 회사가 그 일을 과소평가하는 경우가 있을 수 있다. 다양한 경험으로 이력서를 채우는 것은 대체로 가치 있는 일이다. 또한 새로운 직장은 연봉을 올려 받는다는 의미이기도 하다(그게 아니라면 그 일을 받아들일 이유가 없다).

다시 돌아오는 부메랑

관계를 잘 다져 놓은 좋은 회사는 그만두고 나서도 1~2년 후에 다시 우리를 부를 가능성이 있는데, 이때가 연봉을 올릴 절호의 기회다. 좋은 회사는 그 사람의 몸값이 더 올랐더라도 넓어진 경험만큼 생산성도 높아졌다고 여겨 부메랑 직원의 재입사를 반긴다.

미디어 업계에는 재입사를 허용하지 않는 것으로 악명 높은 회사가 딱 한 군데 있었다. 바로 뉴스 서비스 기업 블룸버그다. 한때 블룸버그는 퇴사하면 절대 다시 입사할 수 없다는 방침이 있었다. 게다가 직원들이 쉽게 그만둘 수 없도록 경쟁사들보다 더 많은 급여를 주었다. 퇴사했을 때 일정 수준의 재정적 불안을 겪게 하려는 의도다. 이는 직원들을 붙잡아 두는 효과적인 전략이었다. 블룸버그 직원을 영업하려고 애써 본 적이 있다면 그게 얼마나 어려운 일인지 잘 알 것이다. 블룸버그 직원들은 회사를 나가면 다시는 돌아오지 못할까 봐 두려워한다. 그들은 퇴사를 엄청난 개인적, 재정적 위기로 여긴다.

하지만 재미있게도 이 방침은 블룸버그에 불리하게도 작용한다. 블룸버그를 그만두고 다른 곳에서 풍부한 경험을 쌓은 수많은 인재를 활용할 길을 차단하기 때문이다. 결국 이 인재들은 블룸버그의 경쟁사에서 일하게 된다.

어려운 일을 전문으로 하라

매우 특별하고 희귀한 경험을 갖춘 직원은 더 많은 돈을 요구할 수 있다. 그 경력이 수년이라면 더더욱 그렇다. 이런 경험은 쉽게 복제되지 않는다.

　내가 약학 전문 기자로 일한 2000년대 중반에 양질의 기사를 쓰는 약물 전문 기자는 세계에 단 6명뿐이었다. 이들은 부르는 게 몸값이었다. 관리자로서 특별한 기술이 있는가? 아니면 다른 수많은 관리자도 할 수 있는 일을 하고 있는가?

자신의 실패를 시인하라

　나는 직원들이 모든 일을 잘하기를 기대하지 않는다. 그건 불가능한 일이다. 사람들은 실수를 한다. 관리자의 입장에서는 잘못된 징후를 빨리 알아차릴수록 일을 수습하기도 쉽다. 어떤 일에 도전했는데 결과가 좋지 않다면 솔직하게 시인해라. 일을 망쳤을 때 빠르게 시인하는 것도 가치 있는 능력이다. 이런 사람들은 믿음과 신뢰를 준다.

또라이처럼 굴지 마라

　우리는 매일 동료와 얼굴을 맞대고 일해야 한다. 또라이처럼 굴면 그 피해가 고스란히 자신에게 돌아온다.

앓는 소리 하지 마라

　직장에서 문제가 생길 때마다 남 탓을 하거나, 상황이 틀어졌을 때 시치미를 떼고 있거나, 또는 다른 사람들(특히 관리자)의 입장에서 생각할 수 없다면 자신에게 불리한 근거만 만들고 있는 것이다. 잘나가는 해가 있으면 그렇지 못한 해도 있는 것이다.

10초 요약정리

- 장기적으로 생각해라.

- 업계의 실질적인 임금 시세가 얼마인지 파악해라.

- 성장도를 데이터로 보여 줘라.

- 평균을 넘어서라.

- 어려운 일을 반복적으로, 오랫동안 해라.

- 유난 떨지 마라.

- 일을 망치면 솔직하게 시인해라.

- 성공하는 사람들은 더 많은 연봉 제안이 들어오면 으레 수락한다.

20

일 안 하는 팀원
다루는 법

나는 미디어 쪽 일을 하는 동안, 자기 본연의 업무를 대놓고 안 하겠다고 해서 직장에서 잘린 사례를 딱 한 번 들어 봤다. 이 얘기는 몇년 전 벨기에 브뤼셀 소재의 뉴스 서비스 기업에서 일했던 친구 테레사에게 들은 것이다.

그날은 금요일이었고 문제의 직원(마크라고 하자)은 딱 잘라서 뉴스 기사를 쓰지 않겠다고 했다. 마크와 테레사의 팀은 런던, 파리, 프랑크푸르트에 소재한 국제 투자은행들을 취재하는 업무를 맡고 있었다. 그날 벌어진 논쟁의 배경은 러시아 대통령 푸틴과 유럽 금융 스캔들 사이의 연결 고리가 드러난 것이었다. 푸틴은 유럽을 비롯한 서방 국가들에 적대적인 한 국가의 독재자일 뿐만 아니라 소문에 따르면 세계에서 가장 부유한 남자이기도 하다. 그는 러시아 올리가르히(신흥 재벌)들과 손잡고 자국의 석유, 가스, 제조 업계를 체계적으로 쥐어짜 개인적으로 착복했다. 이런 이유로 푸틴의 자금 중 일부가 (나무랄 데 없이 명망 높은) 유럽 은행들에 은닉되고 있다는 의심이 스멀스멀 피어나고 있었다.

경력이 6개월 남짓한 마크는 푸틴의 가족이 그 사실을 부인하고 있으니 뉴스거리가 되지 않을 것이라고 생각했다. 경력이 15년 된 테레사는 정반대로 생각했다. 푸틴의 혐의는 공공연한 비밀인데다 푸틴의 가족이 공식적인 반응을 보이는 경우는 드물었고 업계가 이 수사 얘기로 들썩이고 있었다.

마크는 아무 이유 없이 이 기사를 쓰지 않으려고 했다. 90분 가까이 얘기를 나눠 보니 마크는 이 업무를 선택 사항으로 여기는 게 분명해 보였다.

그의 업무 거부는 문제의 쟁점을 바꿔 놓았다. 이 문제는 더 이상 기사의 뉴스 가치를 따지는 논의가 아니었다. 이제는 마크가 부하 직원으로서 테레사의 지시를 따라야 하는지가 쟁점이었다. 불행하게도, 팀원이 지시를 따르는 것은 관리자에게 실존이 걸린 문제다. 일은 자기가 하고 싶은 모험을 선택하는 활동이 아니다. 일은 의무적인 활동이다. 이는 기본적으로 시키는 일을 하는 걸 뜻한다. 그래서 테레사는 마크에게 계속 이 회사에서 일할 것인지 물었고, 그는 회사를 그만두었다.

해고하겠다고 협박하지 마라

일반적으로, 직원들에게 시키는 대로 하지 않으면 해고하겠다고 협박하는 것은 관리자가 쓰지 말아야 할 아주 나쁜 전략이다.

이 전략 역시 TV에서 나온 관리자의 잘못된 이미지 중 하나다. 일주일에 한 번씩 직원을 해고하는 콘셉트의 리얼리티 프로그램 〈어프렌티스〉는 많은 피해를 낳았다. 실제로 인사 관리는 절대 그런 식으로 이뤄지지 않는다. 만약 직원을 자르겠다고 협박해야 한다면 그건 관리자가 이미 통제력을 잃었다는 뜻이다. 다시 말해 상황은 이미 돌이킬 수 없고 관리자의 능력은 시험대에 올랐다는 뜻이다. 어떻게 해고하는 게 최선책이 될 정도로 상황을 방치한 것인가?

또한 두려움을 조장해 직원을 통제하는 것은 시간이 흐를수록 관리자에게도 불리하게 작용한다. 두려움이 동기가 되면 생산성이 떨어진다. 우리가 원하는 것은 직원들이 일을 두려워하는 게 아니라 일에 열정을 품는 것이다.

일하지 않는 직원을 처리해라

그럼에도 우리는 다루기 힘들거나 너무 무능해서 과감한 결단을 해야 하는 직원도 만날 것이다. 내 친구 토니는 잡지사에서 일할 때 직원을 **가족**처럼 대우해야 한다고 믿는 편집장을 만난 적이 있었다. 그 편집장은 회사가 직원들을 보듬어야 한다고 생각했다. 특히 해고 하는 걸 싫어해서 사람을 자르는 일이 거의 없었다. 말단 기자였던 토니는 이 방침이 무척 마음에 들었다. 해고당할 일이 거의 없다는 사실은 큰 위안이 되었다. 고용이 보장되니 얼마나 좋은가. 그래서 처음에는 토니도 이 가족 같은 회사와 자애로운 편집장을 지지했다.

시간이 흘렀다. 어느 금요일 오후, 토니와 한 선임 에디터가 야근 까지 하며 힘들게 마감(그날 밤 인쇄실로 보낼 최종 원고가 완성됐다는 것 을 의미하는 업계 용어)을 하고 있었다. 토니는 옆자리에서 일하는 맨 디가 코빼기도 보이지 않는다는 사실을 알아차렸다. 선임 에디터는 그가 정보원을 만나고 있다고 말했다. 다음 주에도 똑같은 일이 일 어났다. 맨디는 또다시 자리를 무단이탈했다. 이번에도 토니는 그의 도움 없이 힘들게 마감했다.

토니는 맨디가 자주 사무실을 비운다는 사실을 깨달았다. 그는 늘 **정보원을 만나고** 있었다. 하지만 그가 이 정보원들에게서 특종을 얻 어 내는 경우는 흔하지 않았다. 그렇다고 엄청나게 많은 기사를 쓰 고 있는 것도 아니었다.

"몰랐어요? 맨디는 정보원을 만나고 있는 게 아니에요." 선임 편 집자가 토니에게 말했다. 그러더니 입술에 엄지손가락을 갖다 대고 머리를 뒤로 젖히며 병나발을 부는 흉내를 냈다. "맨디가 만나는 **정 보원**이 이거잖아요."

그제야 맨디의 행동이 완전히 이해됐다. 그는 매시간 술을 마시고 있느라 사무실에 없었다. 엄밀히 말해서 그는 일을 하지 않았다. 그가 쓰는 기사는 적었다. 그는 최소한의 일만 했고 자신의 음주 스케줄에 맞춰 업무를 관리했다. 그런데 토니는 사무실에서 멍청하게 자신을 갈아 넣으며 잡지를 내보내고 있었다. 맨디의 부족한 업무량을 벌충하기 위해 초과근무까지 하면서 말이다.

이런 불공평은 해롭다. 사람들은 바보가 아니다. 동료 중 하나가 게으름을 피워서 자신들이 땜빵을 해야 하면 즉시 알아차린다.

맨디의 상사는 이 문제를 외면하는 대신 맨디를 조용히 타일러 도움이나 치료를 받도록 조치했어야 했다. 이는 잠재적인 해피엔드의 기회마저 차단했다. 어쩌면 맨디는 건강을 회복한 뒤 직장으로 복귀했을 수도 있다. 하지만 상황을 질질 끈 탓에 모두에게 좋지 않은 결과가 나타났다.

이 사례에서 알 수 있듯이, 일하지 않는 직원을 해고하지 않으면 대가가 따른다. 이런 직원들은 다른 팀원들에게 자기 일을 부당하게 가중시킨다. 이로써 팀원들 사이에 분개심을 일으키고 사기를 떨어뜨린다.

때로는 해고를 결심해야 한다

사람들이 해고당하는 것을 두려워하는 데는 분명한 이유가 있다. 하지만 때로는 해고되는 게 전화위복이 되는 경우도 있다.

해고가 전화위복의 기회라니, 극단적 개인주의의 창시자 아인 랜드의 극성팬이나 늘어놓을 법한 헛소리 같을 것이다. 하지만 사실이다. 자기가 못하는 일을 계속 붙들고 있는 것은 무의미하다. 왜 그일을 놓지 못하는가? 그 일에 소질이 없다는 것을 동료들도 알고 상사도 알고 있다. 그런 일에 악착같이 매달려 봤자 그걸로 커리어를 쌓기는 힘들다.

나는 일하면서 두 번 해고당한 적이 있다. 흔히들 말하듯이 그 두번 모두 썩 기분 좋은 경험은 아니었다. 하지만 대신 아무 진전도 없고 별 수확도 없는 상황에서 확실히 벗어날 수 있었다. 나를 해고한 사람들에게 감사하지는 않지만, 그렇다고 새로운 일을 찾아 나서야 했던 상황을 애석하게 여기지 않는다.

그러니 해고가 직원에게는 대체로 악몽 같은 일이라고 해도 그 상태가 영원히 지속되지 않는다는 점을 기억하자. 해고는 일시적이다. 그것은 더 잘할 수 있는 새로운 일자리를 찾아 나서기 위해 밟아야 할 (강제적인) 첫 단계일 뿐이다.

절대 계획 없이 해고하지 마라

우리는 관리자로서 팀원을 왜 해고해야 하는지 명확히 이해할 필요가 있다. 직원을 내보내는 것은 심각한 문제다. 해고되는 직원은 엄청난 경제적, 정서적 타격을 입게 된다. 따라서 당신은 해고가 어떤 의미인지, 그리고 해고 사유가 정당한지 알아야 한다.

이는 매우 중요하다. 직원을 내보내야 할 상황은 금방 드러나지 않기 때문이다. 대개는 시간에 따라 소소한 문제가 쌓이면서 알아차리게 된다. 이런 직원들은 반복적으로 지각하고 실수가 잦다. 이렇게 하겠다고 해 놓고서 엉뚱한 일을 한다. 다른 직원들도 이 직원들을 피하거나 불만을 토로하고 있다.

한번씩 그러는 것은 큰 문제가 아니다. 누구나 가끔은 지각을 한다. 하지만 이 직원들은 지각 빈도가 늘면서 상사에게 눈엣가시가 되고 있다. 실적도 점점 떨어지면서 상황은 악화된다. 어쩌면 이들에게도 상황을 반전시킬 여지가 있을지 모른다. 지금 잠시 슬럼프를 겪고 있는 것일지도 모른다. 한 가지 확실한 것은 이게 명쾌하게 내릴 수 있는 결정이 아니라는 사실이다.

다시 말하지만, 이 직원들의 실적이 바닥이라면 결정이 쉬울 것이다. 하지만 완전히 형편없는 직원들은 일반적이지 않은 예외의 경우다. 그러니 이러저러한 이유로 업무에 소홀한 저성과자들을 다루려면 확실한 사유가 있어야 한다.

결단을 위한 체크리스트

이 체크리스트 중 하나 이상에 해당하는 직원이 있다면 회사에서 내보내는 것을 진지하게 고려해야 한다.

- **임무를 받아들이는가?** 우리에겐 기본적으로 회사의 일에 공감하고 같은 목표를 향해 달리는 직원들이 필요하다. 회사의 목표에 반대하는 직원에게 뭐 하러 월급을 주겠는가?

- **문제를 해결하기보다는 문젯거리를 만들어 내고 있는가?** 이를 알 수 있는 신호는 그 직원의 성과를 논의하는 시간이 얼마인지 계산하는 것이다. 관리자의 시간은 소중하다. 이 시간은 회사에서 가장 중요하고 의미 있는 활동에 써야 한다. 그러지 않고 골치 아픈 직원 한 명을 어떻게 구제할지 의논하느라 오랜 시간 인사회의에 붙들려 있다면 이 직원은 도움이 되기보다 피해를 주고 있는 것이다.

- **업무 수행력이 떨어지는 직원.** 내가 트럭 운전기사로 일하면서 하루가 멀다 하고 충돌 사고를 일으키고 화물을 하역장에 쏟아 버렸던 시절로 돌아가 보자. 나는 유능한 동료 몇 명이 내 뒤치다꺼리를 해줘서 그 일을 계속할 수 있었다. 일상적인 기본 업무를 수행할 수 없는 직원을 계속 곁에 둬서는 안 된다.

- **유난스러운 사람.** 팀에서 가장 유난스러운 사람이 누구인가? 간혹 생산성이 높은 직원들이 열정이 과한 나머지, 업무 얘기를 화두로

꺼내며 팀 내 논쟁을 일으키기도 한다. 하지만 이 정도는 괜찮다. 사무실 안에 활기가 넘쳐서 나쁠 것은 없다. 하지만 직원들 중에는 끊임없이 논란이나 문제를 일으키는 사람도 있을 것이다. 이런 사람들은 그저 화제의 중심에 서는 걸 좋아하는 것이다. 나중에는 이 직원이 일으키는 소동을 해결해 달라며 면담을 요청하는 사람들이 점점 더 늘어날 게 뻔하다. 이것 역시 경고 신호 중 하나다. 어떤 직원이 관리자의 시간을 점점 더 많이 빼앗고 있다면 이 사람이 문젯거리인지 아닌지에 대해 더 자주 자문해 봐야 한다.

○ **부정행위자.** 구글의 전 **CEO** 에릭 슈미트는 기밀 누설, 거짓말, 속임수, 도둑질 등 부정행위를 일삼는 직원들을 솎아 내는 작업을 했는데, 일명 '부조리 밀도 낮추기' 작업이었다. 회사에 부정행위자가 많아지면 전반적인 성과도 낮아질 수밖에 없다.

○ **불량한 록 스타.** 록 스타 직원은 탁월한 성과를 내기 때문에 아무리 문제가 많아도 다 받아 줘야 한다는 속설이 있다. 틀린 말이다. 사람들은 가족이나 친구와 보내는 시간보다 직장에서 보내는 시간이 더 많다. 따라서 동료들과 잘 지내는 것은 무척 중요한 능력이다. 동료의식을 가지고 서로 예의를 차리는 분위기가 형성되어야 한다.

불량한 록 스타를 직원으로 만날 때마다 이들의 생산성과 업무능력이 얼마나 뛰어난지 자문해 봐라. 만일 똑 부러지게 일을 잘하는 사람이라면 얼마간의 소란은 눈감아 줄 수 있다. 하지만 소란이 커질수록 문제도 늘어난다면 차라리 옆에 없는 편이 나을 수도 있다.

관리자를 거슬리게 하는 직원은 동료들에게도 그렇게 하고 있을 가능성이 크며, 결국 이는 다른 직원들의 사기를 떨어뜨린다. 그 직원이 얼마나 일을 잘하는지는 중요하지 않다. 장기적으로는 사무실 전체에 악영향을 미칠 사람이기 때문이다.

일반적으로 록 스타 직원들은 회사를 위해 엄청난 성과를 내고 있는 사람들이다. 하지만 이 록 스타들은 점점 자신에게는 예외가 적용된다고 믿기 시작한다. 더 중요하게 처리할 일이 있기 때문에 미팅에 불참하고 늦게 출근하고 모두에게 주어진 힘들고 지루한 일을 하지 않으려고 한다. 그리고 다른 직원들 또한 록 스타 직원에게 예외 규칙이 적용된다는 사실을 알아차리기 시작한다.

이 록 스타들 때문에 서서히 직장이 불공평한 곳이라는 인식이 자리 잡는다. 실제로 '우리'는 직원들을 불공평하게 대하고 있다. 록 스타에게만 면죄부를 주고 편애를 하고 터무니없는 소리를 받아 주고 있다. 그 결과 사기가 떨어지고 있지만, 불량한 록 스타는 여전히 실적으로는 최우수 직원이기에 아무도 대놓고 싫은 소리를 하지 못한다. 이제 우리는 대부분의 일을 하고 있는 대다수 직원의 신뢰를 잃을 위기에 처했다. 실적이 좋다는 이유로 불량한 록 스타를 붙잡아 두는 것은 엉터리 절약이다. 실제로는 얻는 것보다 잃는 게 더 많은 전략이다.

10초 요약정리

- 해고는 관리자에게 최악의 상황이지만 때로는 그렇게 해야 한다.

- 형편없는 직원을 붙들고 있으면 팀 전체 사기가 떨어진다. 그 직원 은 우수한 인재가 들어올 기회를 막고 있다.

- 절대 계획 없이 해고해서는 안 된다.

- 다음 중 어느 하나라도 해당되는 직원이 있다면 해고하는 게 좋다.

  – 임무를 받아들이지 않거나 기본적으로 이 회사에서 일하는 걸 못 마땅하게 여기는 것 같다.

  – 특별한 이유 없이 지시를 따르지 않는다.

  – 해결하는 일보다 만들어 내는 일이 더 많다.

  – 시키는 일을 꾸준하게 잘하지 못한다.

  – 소란을 일으키기 좋아한다.

  – 불량한 록 스타다.

  – 거짓말이나 속임수, 도둑질을 일삼는다.

21

밥맛없게 굴지 않으면서
해고하는 법

자, 어떤 직원이 기대에 못 미치거나 일에 지장을 주는 등 한 사람 몫을 제대로 못 하고 있다면 어떻게 해야 할까? 그때는 개입이 필요하다.

직원을 해고하는 일은 갑작스러워서는 안 된다. 순간적인 충동으로 홧김에 해고하는 일은 없어야 한다. 현실은 영화가 아니므로 되도록 분란의 씨앗을 만들지 말아야 한다.

미국의 법은 대체로 관대한 편이다. 차별 대우를 하지 않은 한 아무 때나 어떤 이유로든 마음대로 직원을 해고할 수 있다고 규정하고 있다. 그러나 실제로 마음대로 또는 순간적인 기분에 못 이겨 무작위로 사람을 해고하는 고용주는 없다. 일반적으로는 직원을 내보내기 전에 관리자들이 심의 과정을 거친다.

영국의 경우에는 직원을 해고할 수 있는 사유를 규정한 특별법이 있는데, 여기에 모두 요약하지는 않겠다. 우리가 기억해야 할 사실은 법을 구성할 때 그 기준점이 되는 게 **공정성**의 개념이라는 것이다. 공정성을 입증하기 위해서는 직원을 해고해야 할 진짜 사유가 있다는 것, 그리고 해고하기까지 그 직원을 공정하게 대했다는 것을 보여 줘야 한다. 결근을 하거나 기본적인 업무를 수행하지 않는 것 등이 해고 사유에 포함될 수 있다. 해고는 공정하고 깊은 숙고 과정을 거쳐 이뤄져야 한다. 또한 인종, 성별, 종교, 장애, 나이, 성적 취향 등 개개인의 고유한 특성을 이유로 해고하는 것도 불법이다.

영국과 미국의 직원 해고 관행은 대체로 비슷하다. 해고는 당사자를 포함한 모두가 예상한 수순에 따라 이뤄지는 게 바람직하다. 다음은 내가 여러 회사의 해고 절차를 참조해 사용하기 좋게 만든 모델이다.

기습 통보는 금물이다

첫 시작은 해당 직원에게 경고를 하는 것이다. 우선 그 직원에게 업무 얘기를 하자고 청해라. 이때는 중립적인 어조를 사용해야 한다. "스미스 거래 건 실적이 형편없던데 얘기 좀 할까요?"라고 말하지 마라. 이는 기습 공격처럼 느껴질 뿐이다. 대신 "화요일 오후 2시에 스미스 거래 건으로 얘기 좀 할 수 있을까요?"라고 말해라.

그다음에는 그 직원에게 지적할 사항들을 종이에 적으며 미팅을 준비해라. (일단 미팅이 시작되면 해야 할 얘기를 까먹게 되는 경우가 의외로 많다.)

미팅에서는 직원에게 어떤 점이 잘못됐다고 생각하는지 묻는 것으로 대화의 물꼬를 터라. 당신이 간과한 문제가 없다는 걸 확신할 수 있도록 상대 쪽 얘기를 먼저 듣는 게 좋다. 대화가 예상 밖으로 흘러가게 해서는 안 된다. 그다음에는 미리 준비한 지적할 사항들을 하나하나 짚어 나간다. 다음은 그 예시다.

- ○ 스미스 측 클라이언트와 잡은 미팅에 지각했는데, 이는 용납할 수 없는 일이다.
- ○ 스미스 측 간부들에게 했던 프레젠테이션에 비용 오류와 철자 실수가 있었다.
- ○ 업무 후 회식 자리에서 스미스 측 간부들을 무의미한 정치적 논쟁에 끌어들여 클라이언트를 멀어지게 했다.
- ○ 이 행동은 회사가 용납할 수 있는 최소한의 기준에 미치지 못한다. 앞으로 업무 관련 문제가 또다시 발생한다면 어쩔 수 없이 최후 통보를 생각할 수밖에 없을 것이다.

만약 그 직원을 구제할 수 있다고 믿는다면, 그 직원이 계속 일할 수 있다는 걸 입증하도록 일정 기간 동안 달성할 목표를 제시해 줘야 한다. 어쩌면 아직 다듬어지지 않은 다이아몬드라서 초짜다운 실수를 하는 것일 수도 있다. 아직 신입이면 경험이 부족해 멋모르는 실수들을 할 수 있다. 그런 경우라면 이번 미팅을 앞으로 더 잘할 수 있도록 도전 의식을 북돋는 기회로 삼으면 된다. 놀랍게도, 어떤 사람들은 누군가가 직접 얘기해 줄 때까지 자신의 능력치를 깨닫지 못하기도 한다.

미팅이 끝난 후에는 그 직원과 나눴던 얘기를 요약해서 메일로 보내라. 메일은 사실에 입각해 중립적인 어조로 써야 한다. 만에 하나 상대가 변호사를 고용했을 때 트집 잡을 만한 내용이 있어서는 안 된다. 따라서 정신병적인 독단의 예시가 아니라 합리적인 의사 결정의 증거가 될 수 있도록 메일을 써야 한다.

이제 그 직원은 서면 경고를 받은 상태다. 공은 상대에게 넘어갔다. 그 직원은 정신을 차리고 자리를 지키거나 아니면 불길한 징조를 감지하고 회사를 나갈지 모른다. 만일 주어진 기간이 끝났는데도 여전히 기대에 못 미친다면 어쩔 수 없이 회사에서 내보내야 한다.

10초 요약정리

- 해고는 당사자를 포함한 모두가 예상한 수순대로 이뤄져야 한다.

- 해고 결정은 공정해야 하고 실질적이고 입증 가능한 결점에 근거해야 한다.

- 우리는 해고 결정이 공정하고 심사숙고한 결과라는 사실을 입증할 필요가 있다. 그러기 위해서는 계획이 필요하다.

- 제일 먼저, 서면 경고를 통해 그 직원이 무엇을 잘못하고 있고 그 일에 요구되는 최소한의 기대가 무엇인지 설명해라. 그런 뒤 일정 기한을 두고 상황을 만회할 기회를 줘라.

- 그 직원이 서면에서 정한 기한이 끝났는데도 여전히 기대에 못 미친다면 어쩔 수 없이 내보내야 한다.

22

사내 갈등 예방법

오래전 한 잡지사에서 일할 때 같이 일하는 에디터 2명이 사이가 좋지 않았다. 이유는 알 수 없지만 늘 서로를 못 잡아먹어 안달이었다. 어떤 계기로 관계가 틀어졌는지는 세월이 흐르면서 잊혔지만, 간헐적인 신경전이 수년째 이어지고 있다는 사실은 모두가 알고 있었다.

이 갈등은 여자 에디터(안드레아라고 하자)의 음모로 라이벌인 스티븐이 해고를 당하면서 막을 내렸다. 안드레아는 스티븐과 관련된 흥미로운 가십을 입수한 뒤 이를 무기로 사용했다. (개인정보보호를 위해 당사자들의 이름과 일부 내용은 각색했다.)

우리가 일한 빌딩은 구식 디자인이라서 대다수 에디터들이 TV 쇼 〈매드맨〉에 나오는 것과 같은 개인 사무실에서 일했다. 개인 사무실의 문제점은 문을 닫아 놓으면 안에서 무슨 일이 일어나는지 아무도 모른다는 것이다. 개인 공간에서 일하는 임원들은 프라이버시가 보장되는 상태에서 조용히 일할 수 있으니 더할 나위 없이 좋을 것이다! 하지만 다른 사람들은 저 문 뒤에서 도대체 무슨 일이 벌어지고 있는지 알 길이 없다.

그래서 안드레아는 계획을 꾸몄다. 그는 늦게까지 야근을 하며 다른 사람들이 모두 퇴근한 후에도 사무실에 남아 있었다. 그리고 바닥을 쓸고 휴지통을 비워 주는 청소원들에게 공공연하게 감사 표시를 하며 친분을 쌓기 시작했다. 때로는 클라이언트와 정보원들이 인사치레로 보낸 와인과 꽃, 고급 초콜릿 같은 작은 선물을 청소원들에게 주기도 했다. 얼마 지나지 않아 안드레아와 청소원들은 서로 가족의 안부를 묻고 올해 우승컵이 메츠에게 갈지 양키스에게 갈지를 두고 정감 어린 농담을 주고받을 만큼 친해졌다.

이렇게 몇 주 동안 물밑 작업을 한 뒤 안드레아는 자신이 세운 계획의 방아쇠를 당겼다. 어느 날, 스티븐이 퇴근하고 나자 안드레아가 새로 사귄 관리인 친구 중 하나를 불러 세웠다. "제발 나 좀 도와 줘요. 비상 상황이에요." 그가 간청했다. "일이 생겼는데, 스티븐이 퇴근하면서 사무실 문을 잠가 놓고 갔네요. 거기에 제가 검토할 서류가 있거든요. 오늘 저녁까지 마쳐야 하는 일이에요! 혹시 열쇠 좀 빌려줄 수 있을까요?"

안드레아는 이 회사에서 오래 일한 직원이고 잡지사 선임 에디터 중 한 명이었기 때문에 흔쾌히 열쇠를 빌릴 수 있었다. 스티븐의 사무실에 들어간 그는 컴퓨터 앞에 앉아 전원을 켜고 인터넷 브라우저를 열었다. 그러고는 인터넷 검색 기록을 살폈다.

세상에나, 세상에나. 완곡하게 말하자면 스티븐은 근무 시간에 업무 목적으로 컴퓨터를 사용하고 있지 않았다. 이 증거물을 복사한 안드레아는 스티븐의 방을 나와 문을 잠그고 아무 일도 없었다는 듯이 열쇠를 돌려주었다. 안드레아가 스티븐의 컴퓨터에서 찾은 게 정확히 뭔지는 알 수 없지만 바람직한 것은 아니었다. 또한 안드레아가 스티븐과 직접 담판을 지은 것인지, 아니면 증거물을 상부에 보고한 것인지는 알 수 없다. 하지만 그 일이 있고서 스티븐은 곧바로 회사를 나갔다.

원한은 회사 전체에 독이 될 수 있다

직장에서 발생하는 문제는 절대 이렇게 해결해서는 '안 된다'. 안드레아와 스티븐의 관리자들은 일찌감치 이 문제에 개입해 관계를 조율하고 업무와 관련된 기본 원칙을 세웠어야 했다. 우리는 직원들이 오랫동안 서로를 밀고하도록 내버려 둬서는 안 된다.

어느 직장에서나 분쟁은 일어난다. 사람들은 언쟁을 하고 일의 추진 방법에 대해 엇갈린 의견을 낸다. 이러한 갈등은 해결하지 않고 방치하면 서로에 대한 원한으로 자라나 회사 전체에 악영향을 끼칠 수 있다.

지긋지긋한 경영권 분쟁의 가장 극단적인 예는 텍사스에 기반을 둔 에너지 공급업체 엔론일 것이다. 한때 미국 최고의 혁신기업으로 여겨졌던 엔론은 전성기인 2000년에 시가총액이 거의 700억 달러에 달했다. 그리고 1년이 지나서 스캔들에 휩싸이며 주가가 폭락했다.

엔론이 파산한 수많은 이유 중 하나는 고위 간부들이 비밀주의와 권모술수로 서로의 사업을 깎아내리며 내부 총질을 일삼은 것이다. (베서니 맥린과 피터 엘킨드의 《엔론 스캔들》에 이와 관련된 이야기가 잘 그려져 있다.)

이 폭락의 일부는 아주 사소한 일에서부터 시작됐다. 엔론의 최고위 간부 두 명이 바람을 피우다가 깨진 이후로 서로 다른 계파를 형성해 정반대되는 기업 전략을 채택한 것이다. 물론 이 이유만으로 엔론이 망한 것은 아니다. 하지만 이 갈등이 도움이 되지 않았던 것만은 분명하다.

내 요지는 갈등을 미해결 상태로 방치하는 게 바람직하지 않다는 것이다. 직장 내에 분쟁이 발생하면 최대한 빨리 문제를 해결하려고 노력해라. 갈등이 저절로 사라지리라는 희망으로 문제를 외면하지 마라. 그럴 일은 절대 없으니까.

적에게 점심을 대접하라

동료와 다퉜을 때 가장 좋은 해결책은 동료에게 점심을 대접하며 당사자끼리 얘기로 잘 풀어 나가는 것이다. 때로는 싸운 사람과도 점심을 먹어야 한다.

점심 식사는 흥미로운 것이다. 서로 얼굴을 마주하고 앉아 함께 음식을 먹으며 식사 예절을 지키는 것은 아무리 원수지간이라도 서로의 장벽을 허물게 해 준다. 사무실을 나와 맛있는 음식을 먹고 경비 처리를 하는 것에는 일종의 해방감이 있다. 대체로 점심을 먹으면서 서로의 입장을 이야기하다 보면 갈등이 별일 아닌 것처럼 느껴진다. 또한 점심식사는 대화의 연장선이기 때문에 상대가 왜 그런 생각을 하게 됐는지 복잡한 속사정까지 알게 될 가능성이 높다. 누가 알겠는가. 잘못한 사람이 나일지! 커피나 후식을 끝낸 후에는 서로 화해하는 쪽으로 상황이 마무리될 수 있다. 끝없는 전쟁을 원할 사람은 아무도 없다.

밖에서 점심 식사를 하는 것은 당사자들의 프라이버시도 지켜 준다. 사무실 사람들의 눈을 피할 수 있기 때문에 나쁜 소식을 전하기도 더 쉽고 체면도 지킬 수 있다.

상사가 **이야기** 좀 하자면서 부하 직원을 회의실로 부르는 것은 모두에게 익숙한 광경이다. 누군가가 동료들의 책상을 지나 회의실까지 긴 통로를 걸어 나간다. 프라이버시를 위해 회의실 문이 닫히고,

이따금씩 안에서 언성을 높이는 소리가 들린다. 마지막에는 두 사람 다 불만족스러운 표정으로 회의실을 나온다.

이 방법은 단순한 의견 충돌을 쓸데없이, 쉬쉬하면서 보는 대중 드라마로 바꿔 놓는다. 결국에는 회의실 면담보다 점심 식사가 훨씬 더 좋은 문제 해결 방법이다. 그러니 적들에게 점심 식사를 대접하고 그들을 다시 내 편으로 만들어라.

지시를 따르지 않는 직원 관리법

상사의 의견에 동의하지 않거나 지시를 따르지 않은 팀원이 있을 때 가장 피해야 할 행동이 다른 팀원들이 보는 앞에서 그 직원을 다그치는 것이다. 언성을 높이거나 화를 내고 싶은 유혹이 들겠지만, 이 방법은 끝이 좋지 않다. 일하다가 고함을 치는 것은 TV에서는 속 시원해 보여도 현실에서는 절대 피해야 할 행동이다.

대신 심호흡을 하고 화를 가라앉혀라. 잊지 말자. 어떤 직원들은 비딱한 말로 상대를 점점 더 열받게 만드는 일명 '낚시질'이 정상적인 화법이라고 여겨지는 디지털 환경에서 자랐다. 거기에 속아 넘어가서는 안 된다. (이런 순간은 앞으로 수없이 만나게 될 것이고, 이 새로운 수법도 빠르게 자취를 감출 것이다.)

지시를 따르지 않는 사람들은 따로 불러내 끝까지 얘기를 들어 줘

라. 갈등에는 승자와 패자가 있기 마련이고, 결국 우리는 패자가 자존심이 깎이더라도 우리 편이 되도록 만들 필요가 있다. 그러니 최대한 자존심이 덜 깎이도록 독대한 자리에서만 직원을 다그쳐라.

이때 활용할 수 있는 방법이 질문을 통한 관리법이다. 나는 상사니까 언제나 옳고 직원은 틀렸을 것이라고 생각하지 말자. 수적으로 상사보다 직원의 수가 훨씬 더 많다. 직원 전체가 알고 있는 업무 지식은 나보다 더 많다. 내가 모르는 사실을 직원들은 알고 있을 수 있다.

나는 직원들이 얘기할 때 때때로 메모를 한다. 그런 식으로 내가 경청하고 있다는 걸 보여 준다. 또한 상대가 업무에 피해를 줄 작정이라는 게 드러나면 대화 내용을 기록한다.

직원이 옳을 수도 있다는 생각을 항상 열어 놓자. 직원이 옳다면 가능한 한 빨리 그걸 알아차릴 필요가 있다. 직원의 말을 먼저 듣는 것도 바로 이런 이유에서다. 우리는 당면한 모든 문제를 빠짐없이 고려해야 한다. 만약 왜 지금 당장 여차여차한 일을 해야 하는지 일장연설부터 늘어놓는다면 직원의 눈에는 우리가 꼰대처럼 보일 것이다. 그리고 직원이 우리의 잘못을 지적하며 응수하는 순간 그 직원이 맞고 우리가 틀렸음을 알게 될 것이다.

우리가 틀렸다는 걸 알아차리고 재빨리 입장을 바꾸는 것도 좋은 관리자가 갖춰야 할 기술이다. 자존심은 제쳐 둬라. 이것은 비즈니스일 뿐이다.

"잘 들었습니다만, 결정은 내가 해요."

직원의 입장을 듣고도 여전히 동의할 수 없다고 가정해 보자. 지시 사항은 그대로이고, 우리는 직원이 이 지시 사항을 따르기를 원한다. 어떻게 해야 할까? 나는 다음과 같은 뉘앙스로 직원을 설득한다.

"함께 문제를 논의하고 주임님 입장도 알게 되어서 기쁘군요. 주임님 얘기를 귀 기울여 들었어요. 그런데 여기는 민주주의의 장도 아니고 대학도 아니에요. 듣고 싶은 강의만 골라 들을 순 없죠. 결정은 내가 해요. 때로는 내 결정이 맘에 들지 않을 거예요. 그건 괜찮아요. 주임님의 맘에 쏙 드는 결정만 내리는 일은 가능하지도 않고 바람직하지도 않으니까. 모든 직원이 하고 싶은 대로 하게 둘 순 없어요. 우리는 한마음으로 일해야 해요. 이제 결정이 내려졌으니 주임님도 따라 줬으면 해요."

이 말은 대체로 효과가 좋다.

나쁜 싹은 시작부터 잘라라

문제는 대개 저절로 해결되지 않는다. 오히려 서서히 악화된다. 나쁜 상사들은 문제가 사라지길 바라며 문제를 무시하지만, 이는 잘못된 생각이다. 문제는 절대 사라지지 않는다.

몇 년 전에 옛 직장 동료가 자신의 부서 얘기를 해 준 적이 있는데, 그는 얼마 되지 않아 사람들이 자주 전화로 병결을 알린다는 사실을 알아차렸다. 그 결과, 부서에 일손이 상시로 모자라게 되었다. 이게 무슨 일일까?

부서장은 직원들이 지난 몇 달 동안 사용한 병가 내역을 한데 모아 스프레드시트에 정리했다. 그런 뒤 이 데이터를 요일별로 분류해 막대그래프로 표시했다.

일반적인 경우라면 일주일 중 아무 때나, 또는 상대적으로 모든 요일에 골고루 아픈 게 정상일 것이다. 그런데 아니었다. 월요일에 병결을 내는 비율이 금요일의 3배였다. 일부 직원들이 3일 연휴를 내기 위해 월요일에 병결을 내고 있는 게 분명했다. 더 최악인 것은 신규 직원들이 기존 직원들의 복무를 따라하며 월요일 근무를 선택 사항으로 여기고 있다는 사실이었다.

부서장은 인사팀에서 병결 내역을 추적해 월요일 동향을 파악하고 시정을 요구하고 있다는 공지를 뿌렸다. 이에 불평하는 사람은 아무도 없었다. 월요일은 더 이상 문제가 되지 않았다.

10초 요약정리

- 문제는 싹부터 잘라라. 문제는 저절로 사라지지 않는다. 문제를 해결하기 위해 발 빠르게 개입해야 한다.

- 개인 간 사소한 갈등을 그대로 방치하면 회사가 망할 수도 있다.

- 직원과 갈등이 생기면 따로 불러내 얘기해라. 부정적인 피드백은 다른 사람들이 없는 데서 전달해야 한다. 공개적으로 싸우지 마라. 갈등에는 승자와 패자가 있기 마련이고, 패자가 자존심이 깎이더라도 우리 편에 서게 만들 필요가 있다. 그러니 조금이라도 자존심이 덜 깎이도록 독대한 자리에서만 잘못을 지적해라.

- 개인적인 갈등을 누그러뜨리는 방법 중 하나는 동료에게 점심을 대접하는 것이다.

- 내가 틀렸을 수도 있다는 걸 받아들이고, 내가 정말 틀렸다면 빠르게 생각을 고쳐라. 사람들은 자신의 실수를 인정하고 곧바로 바로잡는 사람들을 존경한다.

- 나와 의견이 다른 직원의 말을 끝까지 경청하는 것을 잊지 마라.

- 하지만 마찬가지로 직원이 좋든 싫든 결정을 내리는 사람은 나라는 걸 분명히 인지시켜라.

- 고질적인 문제는 그 심각성을 파악할 수 있도록 데이터로 추적해라.

23

까다로운 사람
다루는 법

오래전에 내 친구 아멜리아가 뇌물을 받은 동료 기자 얘기를 해준 적이 있다. 온라인 라이프 스타일 매거진에서 일했던 아멜리아는 그의 담당 에디터였다. 어느 날 어떤 동료가 그에게 와서 물었다. "이 팀에서 디자이너 재킷 리뷰도 쓰나요?"

아멜리아가 어리둥절해하며 대답했다. "그럴 리가요." 그의 팀이 다루는 섹션은 커리어 조언과 개인 재무였다. 의류 관련 기사는 쓰지 않았다.

"그것 참 이상하네요. 이 팀 직원이 자정 직전에 크리스천 라크르 블루 스웨이드재킷을 호평하는 글을 올렸던데요." 동료가 말했다.

아멜리아는 확인해 보았다. 정말이었다. 한 기자가 아무 이유도 없이 한밤중에 난데없이 500달러대 재킷 전문가를 자처하고 나섰다.

"며칠 전에 그 직원이 재킷 리뷰를 올려도 되냐고 묻기에 뭔가 미심쩍어서 안 된다고 했거든요." 동료가 덧붙였다. "그런데도 리뷰가 올라와서 팀장님이 허락한 줄 알았어요."

그는 영문을 알 수 없었다. 아멜리아는 한밤중에 재킷 리뷰를 올린 직원이 무슨 꿍꿍이인지 조사하기로 결정했고, 그 기자에게 꼬치꼬치 물어 해당 의류 브랜드의 홍보 대행사에 그의 친구가 있다는 사실을 알아냈다. 리뷰를 잘 써 주면 재킷을 가져도 좋다는 무언의, 그러나 분명한 합의가 두 사람 사이에 있었다.

이는 다름 아닌 뇌물이었다. 아멜리아는 분개했다. 이는 엄연한 윤리 위반이었기 때문에 그는 재킷을 돌려주게 할 생각이었다. "쓰레기 리뷰를 올린 것만도 회사에 위험 부담이 있는데 고급 재킷까지 받게 할 순 없었어요." 그의 말이다.

다음 날 그 기자는 재킷을 이미 몇 주 동안 입고 다녀서 그 회사에서 돌려받길 원하지 않는다고 말했다. "그냥 제가 가지면 안 될까요?" 그는 얼렁뚱땅 넘어가려고 했다.

"안 돼요. 자선단체에 기부할 테니 재킷을 가져와요. 적십자사에서 가져갈 거예요."

그리고 2주가 더 흘러서 이 남자는 재킷을 가져왔다. 뻔뻔하게도 아멜리아가 이 일을 잊어버렸기를 바라는 눈치였다.

아멜리아는 여러 노숙자 단체에 전화를 걸어 재킷을 기부할 수 있는지 물었다. 그런데 놀랍게도 헌 옷을 받으려는 자선단체는 드물었다. 재킷을 거저 주려고 해도 그럴 수가 없었다. 결국 그는 점심 시간에 재킷을 들고 나와 브로드웨이를 배회했고 마침내 길가에서 구걸하고 있는 노숙자를 발견했다. 뉴욕에서는 흔한 광경이었다. "이거 새 재킷인데 입으실래요? 500달러 정도 되고 새거예요." 재킷을 팔아도 된다는 사실을 노숙자가 알아차리길 바라며 아멜리아가 말했다.

당연히 노숙자는 재킷을 받았다. 그 주에 뉴욕 어느 거리에서는 한 노숙자가 엄청나게 비싼 재킷을 걸치고 있었다.

몇 가지 흑마술을 배워 두면 유용하다

아멜리아는 그 기자를 즉시 해고했어야 하지만, 그는 신입이었고 믿기 힘들지만 잘 모르고 저지른 실수라고 변론했다. 이 잡지사는 단순한 실수로 직원을 해고하지 않았다. 더군다나 처음 하는 실수였고 그의 악의를 입증할 수도 없었다. 그래서 아멜리아는 서면 경고 조치를 하는 것으로 문제를 마무리 지었다.

그렇다고 하더라도 이제 그는 골칫거리였다. 하지만 안타깝게도 그는 **일 잘하는** 골칫거리였다. 그가 쓴 다른 기사들은 독자들에게 인기가 많았다. 덕분에 웹사이트 트래픽이 크게 늘었다. 그를 내보내는 것은 아멜리아의 성과를 망치는 일이었다.

시간이 흘렀다. 한두 달 지난 어느 날, 재킷 뇌물범이 아멜리아에게 회의실에서 따로 이야기 좀 하자고 청했다. 자주 있는 일은 아니었다. 두 사람이 회의실에 앉았다. 그러자 그가 다른 회사에서 스카우트 제의를 받았고 상대 회사에서 연봉을 올려 주겠다고 해서 이직을 고려하고 있다고 말했다. 그는 회사를 나갈 생각이었다. 아멜리아는 너무 기뻤다.

"축하드려요! 정말 좋은 기회네요!" 아멜리아가 말했다.

"잠깐만요." 그가 말했다. "팀장님이 연봉을 올려 주시면 여기 남을 생각도 있는데요?"

"미안하지만 난 그럴 생각이 없어요. 회사를 떠난다니 슬프네요." 아멜리아가 말했다.

갑자기 그 기자의 표정이 걱정으로 변했다. "아직 저쪽에 확실하게 간다고 말한 건 아닌데…."

아멜리아는 그가 치명적인 실수를 했다는 사실을 깨달았다. 그는 연봉을 높일 생각으로 상대 회사의 서면 합의서를 받기 전에 지금 회사에 사직 의사를 밝혀 버렸다.

아멜리아는 이 일에 확실한 종지부를 찍기로 결심했다. "거기가 연봉도 더 많이 주고 여기서 더 일할 마음도 없는데 당연히 이직해야죠. 사직서 수리할게요." 아멜리아는 이렇게 말하고 회의실에서 나와 버렸다. 재킷 뇌물범은 이제 사라졌다.

나폴레옹은 한때 말했다. 적이 실수하고 있을 때 절대 말리지 마

라. 이는 내가 가장 좋아하는 격언 중 하나로, 거의 어느 상황에서나 통용된다.

까다로운 사람들을 대하는 요령

여기서 분명히 짚고 넘어가고 싶은 게 있다. 좋은 관리는 책략과 음모와 뒤통수치기가 난무하는 할리우드 영화 속 모습과 다르다. 이것은 절대 좋은 관리가 아니다. 좋은 관리란 분명한 커뮤니케이션, 인재 육성, 견고한 체계가 99퍼센트를 차지한다. 나는 마키아벨리처럼 팀을 운영하라고 조언하고 있는 게 아니다. 이 방법은 영화에서는 효과적일지 몰라도 현실에서는 먹히지 않는다.

하지만 관리자는 고객, 경쟁사, 불만투성이 직원 등 까다로운 사람들을 다뤄야 할 때가 자주 있다. 이따금 세상은 우리에게 답 없는 또라이들을 보낸다. 그러니 그런 사람들을 다루는 몇 가지 흑마술을 배워 놓으면 유용하다.

먼저 듣고 나중에 행동하라

말하는 것보다 듣는 것을 더 많이 해라. 관리자는 늘 지시를 내리는 입장이기 때문에 이렇게 하기가 쉽지는 않을 것이다.

갈등이 생겼을 때 기다렸다는 듯이 의견을 피력하는 것은 금물이다. 먼저 경청을 하면서 가능한 한 많은 증거를 수집해야 한다. 특히 약삭빠른 사람을 대할 때는 그 어떤 것도 미리 단정해서는 안 된다.

이 이치는 재킷 뇌물범 이야기를 듣고 순간적으로 깨달은 것이다. 그는 아멜리아가 자신을 붙잡을 것이라고 생각하는 우를 범했다. 하지만 아멜리아는 가만히 듣고만 있다가 일격을 날렸다. "인사팀에 알린 뒤 마지막 출근일을 정하죠."

승리를 자신할 수 없으면 싸움을 시작하지 마라

직장은 싸우는 곳이 아니다. 직장이 전쟁터가 되어선 안 된다. 끊임없이 분란을 일으키는 것은 (결국에는) 해고당하기 딱 좋은 방법이다. 관리자는 팀원들이 한마음으로 일할 수 있도록 여건을 조성하고, 원활한 소통과 경청, 질문에 대한 답변, 문제 논의, 무엇보다도 명확한 지시를 통해 직원들의 만장일치를 이끌어 내야 한다.

누군가 싸움을 걸어오면 덥석 미끼를 물지 말고 일단 멈춰서 생각해라. 이런 싸움에 일일이 반응하고 싶은가? 그 일에 에너지를 소모할 가치가 있는가? 장기적으로 볼 때 대답은 대체로 '아니요'다.

그렇다고 하더라도 의견 충돌은 일어나기 마련이고 가끔은 싸워야 할 수 있다. 단, 꼭 필요한 경우에만 선별적으로 싸워야 한다. 이길 확률이 그리 높지 않다면 직장에서 마찰을 일으켜 봐야 소용없다는 사실을 명심하자. 승리를 자신할 수 없다면 애초에 싸움을 시작하지 마라. (다시 말하면, 질 게 뻔한 싸움을 뭐 하러 하려고 하는가?)

흥분하지 마라

싸움은 신뢰를 잃는 지름길이다. 내가 싸울 때마다 상사나 동료들은 '내가 이 꼴을 얼마나 더 봐야 하지?'라고 생각한다. 반대로, 꼭 필요할 때만 언성을 높인다면 동료들도 내 의견에 더 관심을 갖게 된다. 정확히는, 큰 소리를 내는 일이 별로 없기 때문에 어쩌다 한번 목소리를 높였을 때 효과가 더 좋은 것이다.

감정적 대응과 악담을 삼가라

2020년 말, 배우 톰 크루즈가 〈미션 임파서블 7〉 촬영장에서 대노한 사건을 기억할 것이다. 영화가 촬영된 때는 코로나19가 한창 대유행하던 시기로, 모든 제작진이 감염병 예방을 위해 촬영장에서 마스크를 쓰고 거리두기를 해야 했다. 그런데 스태프 몇 명이 방역 수칙을 어기고 가까이 붙어서 무심하게 잡담을 나누는 모습이 톰 크루즈의 눈에 포착되었다. 화가 머리끝까지 난 그는 곧장 할리우드판 나쁜 상사로 변신했고, 그때 상황이 고스란히 담긴 육성 파일이 타블로이드 신문에 유출되었다. "한 번 더 그러고 있다가 걸리면 가만 안 둬!" 톰 크루즈가 고함을 질렀다. "나는 밤마다 모든 스튜디오에 전화를 돌리고 있고, 보험회사와 제작사들은 이 영화를 만들라고 우리를 고용했어. 우리는 수천 개의 일자리를 책임지고 있다고, 이 망할 것들아! 또 한 번 그러고 있기만 해 봐. 가만 안 둬!"

하루에서 이틀간 세상 사람들은 이성을 잃고 폭발한 톰 크루즈를 두고 시시덕거렸다. 관리자가 이 일화에서 배울 수 있는 교훈은 분명하다. 절대 직원들에게 욕을 하며 윽박지르지 마라! 심사가 뒤틀린 직원들이 그 일을 폭로하는 것으로 소심한 복수를 할지 모른다.

하지만 경영의 관점에서 보면 톰 크루즈가 백번 옳다. 촬영장에 코로나가 한 건만 발생해도 제작 전체가 중단되어 수십만, 어쩌면 수백만 달러에 이르는 시간 낭비와 비용 손실이 발생할 수 있다. 아니나 다를까, 몇 달 후에 코로나19가 〈미션 임파서블〉 제작팀을 덮치면서 촬영이 2주간 중단됐다.

하지만 톰 크루즈가 옳은지는 중요하지 않았다. 그는 가감 없는 욕설로 큰 파장을 일으켰다. 만약 육두문자를 섞지 않고 그냥 다그치기만 했더라면 별로 신경 쓰는 사람이 없었을 것이다. 오히려 동정 여론이 훨씬 더 컸을 것이다.

이제 사람들은 온라인에서 사생활과 일에 구분을 두지 않는다. 직장에서 못된 짓이나 멍청한 짓을 하면 언제 동료가 그 일을 트위터나 페이스북, 인스타그램에 올릴지 모른다. 사람들은 나쁜 상사를 죽도록 싫어하기 때문에 단 한 번의 흑역사도 순식간에 퍼져 나간다. 그러니 말하기 전에 먼저 생각해라. (그리고 웬만해선 악담을 하지 마라.)

이 규칙은 작은 회사에도 적용된다

지금까지 〈인사이더〉에서 발행된 기사 중 조회수 상위권을 차지하는 기사 중에는 그레이트 존스를 다룬 기사도 있다. 그레이트 존스는 시에라 티시가트가 창업한 트렌디한 조리기구 회사로, 인스타그램에서 자랑할 수 있는 주방을 원한다면 그레이트 존스가 정답이다. 인사이더 동료인 애나 실먼은 이 회사를 다음과 같이 묘사했다.

"그레이트 존스 브랜드는 따뜻함과 공동체의 미래상을 보여줬다. 그레이트 존스의 다채로운 더치 오븐과 매끈한 스테인리스스틸 프라이팬은 최근 몇 년 사이에 밀레니얼 주요 상품으로 등극했다. 티시가트는 혼자 힘으로 탁월한 창업자이자 인플루언서로 성장했다. 결혼식이 〈보그〉 특집 기사로 실리고 〈도미노〉를 통해 아파트가 공개됐으며 뷰티 잡지 〈인투더글로스〉에 피부 관리 비법이 소개되었다. 사람들이 코로나 19로 인한 불안감을 해소하기 위해 사워도우 제빵으로 스트레스를 풀고 달고나 커피와 샬롯 파스타의 사진을 공유했기 때문에 티시가트와 그레이트 존스가 판매하는 이미지는 더없이 매력적일 수밖에 없었다."

하지만 그 이면에는 불편한 진실이 있다고 실먼은 보도했다. 티시가트는 여러 차례 철없는 행동으로 직원들을 적으로 만들었다. 그레이트 존스는 직원들이 회의실에 들어갔다가 울면서 나오는 회사였다. 친모상을 당한 한 직원에게 티시가트는 추도식 당일에 언제 회사로 복귀할지 묻는 메일을 보냈다.

어느 날, 그레이트 존스 직원 5명과 전 직원 2명이 회사 이사진 중한 명에게 4,000단어짜리 편지를 보내며 티시가트를 해임해 달라고 요구했다. 편지에는 "시에라가 CEO나 대표, 관리자로 있는 한 회사에는 어떠한 미래도 없다"고 적혀 있었다. 이 편지는 실면에게 유출되면서 큰 파장을 일으켰다. 일주일 동안 트위터상에서는 그레이트 존스와 내부 문제, 그리고 이 회사의 하이패션 이미지와 그 이면의 어두운 진실 사이의 괴리에 대해 많은 이야기가 오르내렸다. 덕망 있는 〈뉴요커〉도 한 수 거들었다. "이 대하드라마는 특정 온라인 브랜드의 메시징과 현실 사이에 얼마나 큰 괴리가 존재하는지, 그리고 고객들은 이런 회사들이 판매하는 이미지를 얼마나 쉽게 받아들이는지 암시적으로 보여 준다."

당시 이 회사의 직원은 단 6명뿐이었다는 사실을 기억하자. **단 여섯이다!**

그레이트 존스가 작은 회사라는 것은 중요하지 않았다. 인터넷 인구의 상상력을 사로잡은 것은 사업체의 규모가 아니라 드라마의 규모였다.

트위터를 하지 마라

큰 회사에서 일한다면 이 조언은 3배로 적용된다. 오래전 트위터가 소수의 이용자만 찾는 소규모 플랫폼이었을 때 한 남자가 테네시주 멤피스 공항에 도착한 후 트윗을 올렸다. "솔직히 고백하자면 나는 지금 '이곳에 살라고 하면 차라리 죽겠다' 싶은 답 없는 도시에 와 있다!"

문제는 멤피스가 국제운송회사 페덱스의 세계 항공 물류 허브라는 사실이었다. 그리고 트윗을 올린 남자는 그날 페덱스 간부들에게 프레젠테이션을 하게 될 홍보회사 중역이었다. 페덱스는 그 회사의 최대 고객 중 한 곳이었다.

　페덱스 사람들은 그 트윗을 보고 불쾌해했다. 다수의 페덱스 직원이 경영진에게 분노의 메일을 보냈다. "저를 비롯한 많은 직원이 이건 경우가 아니라고 보고 있습니다. 페덱스 기업의 전 세계 홍보를 맡아 주는 대가로 저희가 그쪽 홍보 대행사에 매년 총 얼마를 지불하지는 모르겠습니다만, 글로벌 홍보 업계를 대표하는 기업의 부사장이라는 분께 이보다 훨씬 더 큰 존중과 인정을 받기에는 충분한 금액일 거라고 확신합니다."

　이 트윗은 빠르게 퍼져 나가 전 세계적으로 화제가 되었다. 사람들은 이를 트위터 초창기 시절 가장 악명 높은 '분별없는 트윗' 중 하나로 기억하고 있다. 페덱스 직원들은 항의서에 한 가지 사실도 꼬집어 언급했다. "소셜 네트워킹의 위험 요소는 내가 쓰는 걸 다른 사람들도 읽는다는 겁니다."

　아주 유용한 조언이다. 내가 쓰는 걸 다른 사람들도 읽는다. 친구 몇 명만 볼 것이라고 생각하고 글을 올렸다는 것은 중요하지 않다. 인터넷에 쓴 이상 그 글은 나에게 불리하게 작용할 수 있다.

　인터넷은 심술 궂은 곳이다. 악의 없이 자기 할 일을 하려는 사람들이 언제 실수를 하는지 주시하면서 공격할 기회를 노리는 말썽꾼들이 넘쳐나는 곳이다. 그 트윗맨은 멤피스나 멤피스 주요 기업을 열받게 할 의도가 없었다. 아마도 오랜 비행으로 피곤하고 짜증이 나서 샤워와 잠 생각이 간절했을 것이며 긴장되는 클라이언트 프레젠테이션도 앞두고 있었다. 또한 자신의 트윗을 읽을 사람은 친구들뿐일 거라고 생각했다.

관리자인 우리의 행동과 결정은 다른 사람들보다 훨씬 더 강도 높은 감시를 받는다. 우리가 말하고 행동하고 쓰는 모든 게 이제 공개 대상이다. 직장에서 우리의 프라이버시는 없다.

또한 간부들은 직급이 올라갈수록 소셜미디어에 올리는 글도 점점 줄어드는 경향이 있다. 대체로 소셜미디어 게시량은 직급과 반비례한다. 이제 관리자가 된 우리는 소셜미디어 게시물을 최소한으로 줄이는 것을 심각하게 고려해야 한다.

변호사를 상대하는 방법

관리직에 있는 사람은 회사 법무팀도 상대해야 할 경우가 있다. 여기서 염두에 둬야 할 것은 회사 변호사들 역시 당신의 동료라는 사실이다. 그들 역시 자기 임무에 최선을 다하고자 하는 좋은 사람들이다. 게다가 능력자들이다. 로스쿨은 아무나 쉽게 들어가는 곳이 아니다!

따라서 이들이 내놓는 현명한 조언들을 존중해야 한다. 내가 일하면서 상대한 변호사 중 99퍼센트는 완벽한 전문가였고, 많은 경우 내가 실수를 저지르지 않도록 도와주었다. 나는 이들에게 신세를 지고 있다. 따라서 우리는 이 변호사들을 내 편으로 만들어야 한다. 내가 하는 모든 일이 합법적인지 확인해 주고, 지독하고 비윤리적인 적들이 악랄하고 불법적인 행동을 저지르면 나를 대신해 경고해 주도록 해야 한다.

하지만 변호사들에게는 이면도 있다. 바로 당신을 방해하는 것이다. 관리자에겐 여러 변호사와 회의실에 앉아 언쟁할 일이 생긴다. 당신은 분명 상식적인 일을 하려고 한다. 하지만 이들은 왜 그 상식적인 일을 할 수 없는지 얘기한다.

어째서 변호사들은 우리를 가만히 두고 보지 않는 것일까? 변호사들은 대체로 한 가지 일반 원칙에 따라 일하는데, 바로 위험을 줄이는 것이다. 이것은 변호사들의 유전자 속에 뿌리박혀 있는 개념이다. 이밖에 다른 것은 할 수 없다. 회사를 위해 위험과 비용을 줄이는 것이 이들이 하는 일이다. 열에 아홉은, 당신에게 필요한 일도 바로 이것이다.

위험을 줄이는 일의 문제점은 위험을 완전히 제거하는 확실한 방법이 바로 아무것도 하지 않는 것이라는 점이다. 그리고 늘 아무것도 하지 않는 회사는 곧 망할 수밖에 없다.

하지만 위험을 줄이면서 일을 벌일 수 있는 방법도 있는데, 바로 업무를 변호하는 것이다. 만일 변호사를 선택할 수 있는 위치에 있다면 변호사들에게 그들의 임무가 '업무를 변호하는 것'이라고 알려주기를 강력하게 권한다. 우리는 우리 일을 방해하는 게 아니라 완수하도록 도와줄 변호사들과 일해야 한다.

기본적인 법을 배워 둬라

많은 관리자가 법을 범접할 수 없는 대상으로 여기고 매번 변호사들이 하라는 대로 한다. 변호사들이 허락하는 일만 하는 것이다. 그 당연한 결과로 회사는 법무팀의 손에 운영되고 마는데, 이는 경영의 의미를 부정하는 것이다. 분명 문제가 아닐 수 없다.

우리는 판단의 책무를 변호사들에게 완전히 위탁해선 안 된다. 특히 위험을 줄이고자 하는 법무팀의 바람이 궁극적으로 회사의 사업 자체를 위협하는 것이라면 말이다.

또한 업계와 관련된 주요 법과 판례들을 공부해야 한다. 그렇다고 자신이 변호사들보다 법 지식을 더 많이 안다고 착각해서는 안 된다. 그건 말도 안 된다. 하지만 변호사들에게 던질 적절한 질문, 그리고 일을 진행하는 데 필요한 올바른 법률적 전략은 알아 둘 필요가 있다.

경영진이 쉽게 잊어버리는 일이 무엇인지 파악해라

정신없이 바쁘게 돌아가는 환경에서 일하는 사람들은 동시에 여러 가지 일을 해야 하는 게 어떤 느낌인지 알 것이다. 이런 경우에는 위에서 지시한 업무를 모두 끝마치지 못할 수 있다. 또한 오늘날 직장 생활에서 가장 짜증 나는 일을 경험할지도 모른다. 바로, 상사의 지시로 어떤 프로젝트를 진행했는데 막상 프로젝트를 완료하자 상사가 그 일을 지시했다는 사실을 잊어버린 것이다. 이런 일은 모두에게 일어난다. 물론 우리에게도 일어난다.

관리자인 우리는 매일같이 부하 직원들에게 우리가 지시한 프로젝트를 완료했다는 보고를 받는다. 하지만 당신은 조용히 '지금 이게 무슨 소리지?'라고 생각한다. 여기서 벗어나는 길은 간단히 "고마워요"라고 말하는 것이다. 이는 관리자의 어휘 목록에서 가장 유용한 말이다. 이와 동시에 우리는 우리 상사들이 지시해 놓고 잊어버릴 만한 일들을 잘 챙겨야 한다. 그래야 생산성이 높은 일에 집중하고 회사의 발목을 잡는 일을 제거함으로써 팀원들에게 일의 우선순위를 정해 줄 수 있다. 특히 우리 상사들이 쉽게 잊어버리는 사람이라면 말이다.

조용히 권한을 행사해라

재킷 뇌물범이 퇴사하고 2년이 지나서 아멜리아는 그에게 메일 한 통을 받았다. 그동안 많은 경험을 쌓았으니 재입사를 하고 싶다는 내용이었다. 분명 그는 다른 회사의 떡이 더 크지 않다는 걸 깨닫고 다시 돌아올 방법을 모색하고 있었다. 아멜리아는 답신하지 않고 메일을 삭제해 버렸다. 아무도 모르게 문제를 처리할 방법이 있다면 야단법석을 떨 필요가 없다!

10초 요약정리

- 적이 실수하고 있을 때 절대 가로막지 마라.

- 먼저 듣고 나중에 행동해라. 갈등이 생겼을 때 기다렸다는 듯이 의견을 피력하는 것은 금물이다. 먼저 경청을 하면서 가능한 한 많은 증거를 수집해야 한다.

- 흥분하지 마라. 웬만해선 싸움을 시작하지 마라. 꼭 필요한 경우에만 선별적으로 싸움을 해라.

- 이길 자신이 없을 때는 직장에서 마찰을 일으켜 봐야 아무 소용이 없다.

- 우리가 말하고 쓰는 모든 것은 소셜미디어에서 공격의 빌미가 될 수 있다. 그러니 말하거나 쓰기 전에 생각해라.

- 불미스러운 일로 사람들의 입방아에 오르내리는 것은 순식간이다.

- 트위터를 하지 마라.

- 작은 회사라고 해서 대중의 지나친 감시에서 자유로운 것은 아니다.

- 변호사들에게 당신의 업무를 변호하라고 요구해라. 업계와 관련된 주요 법과 판례를 공부해라. 그래야 올바른 결정을 내리는 것은 물론 변호사들에게 끌려다니지 않을 수 있다.

- 다른 관리자들이 지시해 놓고 잊어버린 잊어버릴 만한 일들을 잘 챙김으로써 팀원들에게 업무의 우선순위를 효율적으로 정해 줘라.

- 아무도 모르게 문제를 해결할 방법이 있다면 그렇게 해라.

IV 리더의 결단력

24

유능한 관리자
되는 법

내 인생 최초의 직업은 내 생애 최악의 직업이기도 했다. 밥이라는 사장이 운영한 판지 상자 공장에서 나는 포장원 겸 운전기사로 일했다. 밥은 내게 끔찍한 관리란 무엇인지 몸소 가르쳐 준 사람이었다.

판지 공장은 잉글랜드 북부의 호수지방 끝자락에 있는 엄청나게 소름 끼치는 산업 단지에 있었다. 공장으로 가는 길은 비포장도로였고, 주차장은 흙과 물웅덩이투성이여서 최대한 물이 얕은 곳을 찾아 주차를 해야 했다.

싸구려 콘크리트와 골함석으로 지은 메인 창고 안에는 납작한 판지들이 화물용 목재 팔레트 위에 2층 탑 높이로 쌓여 미로를 이루고 있었다. 우리는 창고 안에서 낡은 지게차를 끌고 이 판지 탑을 이리 저리 움직여 다녔다.

창고는 난방이 되지 않고 안이 어두침침했으며 한쪽이 비바람에 노출되어 있었다. 바깥 날씨가 곧 창고 안 날씨였다. 겨울에는 특히 그랬다. 게다가 잉글랜드 북부라서 코트와 장갑, 부츠로 몸을 따뜻하게 해야 했다. (판지는 보온 없이 건조 상태만 유지해도 된다는 사실을 나는 곧 알게 되었다.)

트럭들이 주변 공장들에서 싣고 온 쓰레기를 적재 플랫폼에 쏟아내면 우리 6명이 이 쓰레기 더미를 맨손으로 뒤지면서, 편평하게 접어 재사용할 수 있을 만큼 상태가 좋은 폐상자를 건져 냈다. 회사(놀랍게도 지금도 영업 중이니 명칭은 밝히지 않겠다)는 이 재활용 상자를 다른 회사들에 되팔았는데, 애초에 우리가 돈을 받고 쓰레기를 가져온 곳들이었다.

나는 판지를 접어 팔레트에 쌓은 뒤 뻣뻣한 밴딩 끈으로 묶어 새 것 같은 상태로 출고시키는 일을 했다. 어떤 날은 예상보다 더 많은 물량을 소화하기 위해 수차례 산더미 같은(절대 과장이 아니다) 폐상자를 옮겨야 했다. 이로써 수많은 회사가 병목현상 없이 북서부 지역으로 소포를 보낼 수 있었다.

퇴근 무렵이 되면 나는 판지 먼지를 두껍게 뒤집어쓴 상태였다. 머리카락과 눈썹, 입 어디에나 먼지가 붙어 있었다. 코를 풀면 판지 색과 같은 갈색 콧물이 나왔다. 옷이 갈색으로 변했고, 베갯잇도 갈색이 되었다.

근무 여건이 지독히 열악했고 급료도 마찬가지였다.

내 시급은 4달러(약 5,300원)였다. 같이 일한 동료 중에는 교도소를 다녀온 사람도 있었다. 여기 직원들은 절박했고 다른 대안이 전혀 없었기 때문에 밥의 공장에서 일했다. 스스로 원해서 또는 야망을 품고 상자 공장에서 일하는 사람은 아무도 없었다. 우리는 그저 돈이 필요할 뿐이었다.

가만히 있으면 나빠진다

밥은 공장의 유일한 간부이기도 했다. 우리가 청바지와 부츠, 작업복을 입고 일할 때 밥은 트위드 재킷과 붉은색 브이넥 스웨터, 구식 코르덴바지를 입었다. 때로는 파이프 담배를 피웠다. 그리고 우리가 창고에서 일할 때 밥은 사무실에 앉아 전화를 돌리고 회계장부를 작성했다.

밥은 냉담하고 차가웠다. 그는 이 공장에서 일하려는 사람이 왜 그렇게 적은지, 직원들이 왜 그렇게 자주 그만두는지 알지 못했다. 알려는 수고조차 들이지 않았다.

밥이 유독 나쁜 관리자였다고 생각할지 모르지만, 어떤 점에서 보면 밥은 그저 평범한 관리자였다. 많은 관리자가 이런 식으로 사업을 운영한다. 가능한 한 생각을 하지 않고 일한다. 오늘 주문량을 맞췄다면 그걸로 된 것이다. 이런 상황은 전적으로 밥의 잘못만도 아니었다. 밥은 아버지로부터 공장을 물려받았다. 그가 아는 것은 그게 전부였다. 공장은 늘 그 자리에 있었고 앞으로도 그럴 것이다. 공장은 정말로 매년 사업을 유지하는 것으로 밥의 믿음에 화답했다.

하지만 공장 생활은 절대 괜찮다고 할 수 없었다. 매일매일이 어제와 똑같았다. 직원들은 출근해서 저녁 5시까지 상자를 쌓고 퇴근했다. 우리는 새 프로젝트를 맡거나 새로운 사업 라인을 개발하지 않았다. 특별한 일은 아무것도 하지 않았다.

그것은 밥에게 계획이 없었기 때문이다. 밥은 앞으로 1개월 후, 1분기 후, 1년 후에 공장이 어디에 있을지에 대한 전략이 없었다. 우리는 회사의 비전이 무엇인지 들어 보지 못했다. 심지어 경쟁업체가 어디인지도 몰랐다. 다른 회사들은 품질이 더 좋은 상자를 납품하나? 가격이 더 저렴한가? 배송이 더 빠른가? 밥은 이런 얘기를 전혀 하지 않았고 경쟁업체를 만나지도 않았다. 공장은 아무 변화도 없는 텅 빈 바다에 갇혀 표류하고 있었다.

당연히 밥은 "고마워요"라는 말도 절대 하지 않았다. 이것은 내가 상자 공장에서 어렵지 않게 얻은 첫 번째 교훈이었다.

나는 상자 공장이 존재하는 이유를 알았다. 사람들에게는 상자가 필요했다. 하지만 사실 이 공장은 속임수를 쓰고 있었다. 다른 회사에서 돈을 받고 쓰레기를 가져온 뒤 거기서 다시 쓸 만한 상자를 골라 돈을 받고 되팔고 있었다. 그야말로 일거양득이었다.

설령 그렇다고 해도 상자 공장의 수익은 그렇게 크지 않았다. 간

신히 수익을 내는 정도였다. 내가 그곳에서 일할 당시 공장의 순익은 약 3만 2,000달러(약 4300만 원)였다. 근근이 버티는 수준의 참담하고 보잘것없는 사업이었다. 하지만 약간의 상상력과 관리 노하우만 있었다면 크게 달랐을 수도 있다.

남들보다 먼저 기회를 알아보는 법

골드러시 시절에 직접 사금을 채취하지 않고 곡괭이를 팔아 부자가 된 사람들의 사연을 들어 본 적이 있을 것이다.

실제로 그런 남자가 있었다. 그 주인공은 1819년에 태어나 1889년에 죽은 새뮤얼 브래넌이라는 남자다. 그는 샌프란시스코에서 금을 찾아다니는 광부들에게 냄비와 곡괭이, 삽을 팔았다. 개당 20센트(약 300원)에 냄비를 사들여 15달러(약 2만 원)에 팔았고, 골드러시 최초의 백만장자가 되었다. 그는 사람들이 금을 찾아 나서기도 전에 이미 부자가 되었다.

그로부터 100년이 흘러 밥의 공장에는 상자라는 기회가 있었다. 때는 1990년대였고 인터넷은 초창기 단계였다. 점점 디지털 세상이 되면서 먹지나 타자기처럼 판지 상자도 과거의 유물이 되리라는 예측이 우세했다.

그런데 정반대의 현상이 일어났다. 우리가 알고 있듯이, 아마존을 비롯한 수백만 개 업체가 소비자의 쇼핑 방식을 바꾸어 놓았다. 소비자가 구매하는 물건은 이제 대부분 소포로 배송된다. 1990년대는 포장재가 막 중요해지는 시기였다. '대형 판지 상자'는 인터넷 자체만큼이나 엄청난 성장 기회를 맞고 있었다.

우리 공장에서 윗면, 아랫면, 네 옆면으로 구성된 상자는 흔하디흔한 상품이었지만, 인터넷이 그 변변찮은 상자의 쓰임을 완전히 바꾸어 놓았다. 요즘 아마존에서 배송되는 상자들을 보면 기발한 아이디어들에 눈이 휘둥그레질 것이다. 어떤 상자는 지퍼형 손잡이가 달려 있어서 잡아당기면 깔끔하게 열리고, 어떤 상자는 제품 크기에 딱 맞게 밀착 포장되어 모양이 변형되지 않는다. 아마존에서는 무수히 많은 상품을 팔기 때문에 상자도 무수히 많은 형태로 나온다.

1990년대에 상자 공급 업체 사장이었던 밥은 인터넷 거래를 시작한 회사들이 필요한 게 무엇인지 파악하고 그 수요를 채워 줄 수도 있었을 것이다. 당시 밥의 고객으로는 존슨앤드존슨, (관광객을 위한 세계 유명 캔디 제조업체) 켄달 민트 케이크 베이커리가 있었다. 클라이언트들은 이미 존재했다. 하지만 어마어마한 잠재적 재산이 눈앞에 있었던 것이다.

인터넷의 출현 이후 판지 상자 산업의 규모는 전체적으로 2배 성장했다. 오늘날 상자 산업은 전 세계적으로 매년 약 7750억 달러(약 1023조 원)의 수익을 낸다. 세계에서 가장 많은 상자를 판매하는 인터내셔널 페이퍼International Paper의 연간 수익은 230억 달러(약 30.5조

원)다. 이는 전체 시장의 몇 분의 1밖에 되지 않는다. 다른 주요 공급 업체인 앰코Amcor는 1년에 130억 달러(약 17조 원)의 매출을 올린다.

볼품없는 상자의 세계에서 골드러시는 20년 넘게 이어지고 있다. 밥이 사용했던 수익 모델을 그대로 활용하면서 매년 수억을 벌어들이는 회사가 수십 곳이나 된다. 상자는 거대한 시장이고 더 많은 경쟁자를 수용할 자리가 많이 남아 있다.

밥의 상자 공장은 엄밀히 말하면 아직도 영업 중이다. 나는 영국 내 회사들의 재정을 알려 주는 관리 기관인 컴퍼니 하우스Companies House에서 이 회사의 영업이익을 찾아보았다. 최근 연도로 조회했을 때 현금으로 단 2만 7000달러(약 3600만 원)였는데, 이는 내가 회사를 그만둔 1990년대보다 더 적은 액수다.

상자 혁명은 밥의 회사를 완전히 빗겨 갔다.

원칙, 전략, 전술

밥은 세 가지 중요한 측면에서 관리자로서 실패했다. 그는 원칙, 전략, 전술에 무지했다. 관리자는 의사 결정의 세 가지 영역을 발전시키기 위해 기량을 닦아야 한다.

1. **원칙:** 상자 공장은 (상자를 판매하는 것 외에는) 비전이 없었다. 비전은

회사의 다른 모든 결정이 자연스럽게 흘러나오는 토대가 된다.

2. **전략:** 밥은 자신이 가진 보잘것없는 것을 키우기 위한 기본적인 전략에조차 무관심했다. 심지어는 영업 사원을 채용하지도 않았다.

3. **전술:** 밥은 최소한의 임금을 주는 전술로 직원들이 빠르게 싫증을 내고 분노하게 만들었다.

원칙, 전략, 전술, 이 세 가지 개념은 관리자가 내리는 의사 결정의 근간이 된다. 당신은 이 개념들의 차이와 중요성에 대해 이해할 필요가 있다. 앞으로 세 개의 장에 걸쳐 하나씩 살펴보려고 한다.

10초 요약정리

- 최악의 상사는 우리에게 귀중한 교훈을 알려 주는 사람들이다. 그들은 어떻게 하면 실패하는지 보여 주는 산증인이다. 잘 봐 둬라.

- 직원들에게 "고마워요"라는 말을 하지 않는 상사들이 많다. 그런 것은 배우지 마라. 모든 일에 "고마워요"라고 말해라.

- 직원들이 오로지 돈이 필요해서 일하러 오는 회사라면 관리를 잘못하고 있는 것이다.

- 좋은 관리자가 되려면 의사 결정의 세 영역인 원칙, 전략, 전술 면에서 기량을 쌓아야 한다.

- 원칙은 회사의 근간을 세우고 경쟁사들과 차별화를 이루기 위한 것이다. 우리가 원칙적 결정을 하게 되는 경우는 드물지만, 일단 하게 된다면 매우 중대한 결정이 될 것이다.

- 전략은 회사의 재정적 성패를 좌우할 수 있는 결정이다. 전략적 결정은 원칙적 결정보다 더 흔하게 일어나지만, 그렇다고 하루 단위 또는 일주일 단위로 일어나는 것은 아니다.

- 전술은 관리자의 일용할 양식이다. 전술은 일을 하면서 매일 매시간 내리는 사소한 결정들이다.

25

원칙 세우는 법

훌륭한 리더들이 이끄는 좋은 회사들은 단지 이윤만을 추구하지 않는다. 그 회사들에는 직원들에게 동기를 부여하는 핵심 신념 체계가 있다. 왜 직원들이 매일 회사로 출근해야 하는지에 대한 확실한 설명이 필요하다. 단지 돈을 벌 수 있다는 이유만으로는 충분하지 않다.

우리에게는 사명이 있어야 한다. 윤리, 차별점, 고귀한 소명, 미래 비전, 경쟁사보다 뛰어난 제품 같은 것들이 필요하다. 우리의 일은 비즈니스의 영해를 헤쳐 나가는 모험이자 대실험과 같아야 한다.

물론 돈을 번다고 해서 문제 될 것은 없다. 하지만 관리자가 되고 나면 돈을 번다는 것만으로는 부족하다는 걸 금방 알게 될 것이다. 돈만으로 사람들에게 동기 부여를 할 수는 없다. 그것은 너무 편협

하고 냉소적인 생각이다. 회사의 존재 이유가 호주머니를 채우는 것 뿐이라면 직원들에게서 최선을 끌어내기 힘들 수 있다. 핵심 원칙이 없는 회사는 강한 비바람에 노출된 창고에서 상자를 포장하고 있는 것이나 다름없다.

가장 중요한 질문은 이것이다. 우리 회사는 왜 존재하는가? 이는 우리가 관리자로서 고객, 경쟁사, 때로는 미디어로부터 반복적으로 받게 될 질문이다. 그러니 그 답변을 준비해두는 편이 좋다.

우리에게는 원칙이 필요하다. 원칙은 회사의 중심 철학이고 문화이며 경쟁사와 차별화해 주는 요소다. 원칙에 기초한 결정은 흔하지는 않지만, 일단 하게 되면 회사의 성패를 좌우할 수 있다.

이런 원칙들이 적용된 실제 사례를 몇 가지 살펴보자.

애플 vs FBI

좋은 회사는 원칙을 철벽 방어한다. FBI의 반테러 임무를 돕지 않은 애플이 가장 좋은 예다.

2019년 12월, 플로리다주 펜서콜라 미 해군기지에서 사우디 공군 소위로 훈련 중이던 무함마드 시드 알샴라니가 총기를 난사해 3명이 숨졌다. 알샴라니는 현장에 출동한 경찰에 의해 사살되었다.

수사를 맡은 FBI는 이 사건이 알샴라니의 단독 범행인지 아니면 국제 테러 조직의 소행인지 궁금했다. FBI는 알샴라니가 소지한 아이폰 두 대로 이 의문을 밝히고 싶었지만, 아무도 잠금장치를 풀 수 없었다.

아이폰 사용자들은 다 알겠지만 이 휴대 기기에는 암호가 걸려 있다. 화면의 비밀번호로 활성화되는 암호 키가 없으면 아이폰을 열거나 앱, 사진, 메시지를 확인하는 게 불가능하다. 사용자의 암호가 없으면 애플조차도 아이폰을 열 수 없다. 아이폰에는 백도어(인증 절차 없이 시스템에 접근할 수 있는 보안상 허점)가 전혀 없다. 일단 암호 잠금이 걸리면 그걸로 끝이다.

FBI로서는 무턱대고 아이폰 잠금 해제를 시도할 수도 없었다. 암호를 열 번 잘못 입력하면 모든 데이터가 말끔히 지워지기 때문이다. 그래서 FBI는 애플에 휴대폰 잠금을 풀어 줄 것을 요청했다. 심지어 수색영장까지 발부받았다.

애플의 대답은 **거절**이었다.

몇 주 뒤, 알카에다의 한 지부가 알샴라니의 공격이 자신들의 지시라고 주장하면서 사건은 더욱 급박해졌다. 이제 이것은 분명한 테러 사건이었고 FBI는 사건을 해결하는 데 애플의 도움이 필요했다.

애플은 또다시 **거절**했다.

회사 방침상 고객의 데이터는 **무슨 일이 있어도** 보호해야 하기 때문에 아무리 중대한 사건이라도 기기 하나에만 예외적으로 백도어를 만들 수 없다고 주장했다.

애플은 이 입장을 계속 고수했다. 더 극단적인 사례에서도 이 철칙은 흔들리지 않았다. 2015년 캘리포니아주 샌버너디노에서 두 남자가 총기 난사로 14명을 사살하고 22명에게 부상을 입혔다. 범인들이 놓고 간 아이폰 두 대 중 한 대의 암호를 풀 수 없자 FBI는 애플에 잠금을 해제할 수 있는 특수 프로그램을 만들어 줄 것을 요청했다.

애플은 이때에도 FBI의 요청을 거절했다. 중요한 원칙을 위태롭게 할 수 없다는 이유였다.

"지금은 존재하지 않는 이 소프트웨어가 범죄자의 손에 들어간다면 어떤 아이폰이든 강제로 잠금 해제할 위험이 생긴다. FBI는 이 프로그램에 다른 이름을 갖다 붙일지 모르지만, 그것은 대단한 착각이다. 이런 식으로 보안을 건너뛰는 iOS 버전을 만들면 여지없이 백도어가 생겨나게 된다. 정부에서는 그 용도를 이 경우로만 제한하겠다고 할지 모르지만 이를 완벽하게 통제할 방법은 어디에도 없다."

애플의 요점은 FBI를 위해 잠금 해제 프로그램을 만드는 것은 곧 러시아나 중국, 마피아 조직을 위해 이 프로그램을 만드는 것이나 마찬가지라는 말이다. 소프트웨어 도구는 복제, 해킹, 도난, 역설계가 쉽기 때문이다.

원칙에는 예외가 없어야 한다

이런 특단의 조치는 회사 홍보 측면에서 참사였다. 애플은 언론의 뭇매를 맞았다. 미국에서 가장 사랑받는 기업 중 하나가 FBI의 반테러 수사에 협조하지 않다니. 이는 단순한 프라이버시 대 보안의 문제가 아니었다. 사람들이 죽었다. 알샴라니도 죽었으니 더는 보호해야 할 프라이버시도 없었다. 게다가 알샴라니가 단독으로 범행을 저지른 것인지 아니면 훨씬 더 위험한 테러 조직과 협력한 것인지 알아내려는 FBI의 조치는 분명하고 당연한 것이었다.

애플은 자사의 명성을 걸고 엄청난 위험을 무릅썼다. 미 법무부장관 윌리엄 바는 FBI의 요청을 거절한 애플을 거듭 비판했다.

하지만 이는 프라이버시를 중시하는 회사의 핵심 원칙이었기 때문에 애플에게는 중요한 싸움이었다. 고객의 프라이버시를 대하는 애플의 방침은 다른 디지털 기업들과 차원이 다르다.

인터넷과 휴대폰은 놀라운 발명품이다. 이 기기들 덕분에 삶은 더욱 편리하고 효율적으로 변했다. 하지만 모두가 알다시피 이러한 편리에는 막대한 대가가 따른다. 온라인에 접속하는 대부분의 사람들에게는 프라이버시가 없다. 특히, 구글과 페이스북은 온라인 데이터를 수집한 뒤 광고주들에게 팔아 우리를 겨냥하는 광고를 만드는 데 사용하게 하는 거대한 인프라 구조를 만들어 냈다. 온라인에 생성되는 모든 앱과 로그인, 서비스, 계정이 우리의 데이터를 빨아들인다.

일류 IT 기업들은 우리에 대해 가족보다 더 많이 알고 있다.

하지만 애플은 다른 노선을 걷고 있다. 광고주가 사용자를 타기팅하지 못하게 막고, 사용자의 온라인 데이터를 다른 기업들이 사용하지 못하게 차단한다. 또한 애플의 인터넷 브라우저인 사파리는 광고주들을 활발하게 차단한다. 애플의 웹사이트에는 "프라이버시는 기본적인 인권입니다. 또한 우리 애플의 핵심 가치 중 하나이기도 합니다"라고 적혀 있다.

"프라이버시가 기본적인 인권"이라니 강력한 성명이 아닐 수 없다.

이제 우리는 FBI의 요청이 애플에게는 그 정신을 위태롭게 하는 요청이었음을 알 수 있다. 이 정신은 애플과 페이스북을 가르는 중요한 차이다. 거절 의사는 일시적으로 애플의 인기를 떨어뜨렸다.

하지만 장기적으로 애플의 판매고는 오히려 늘었다. 고객들은 애플의 메시지를 이해했다. 고품질의 전화와 확실한 온라인 프라이버시를 원한다면 애플이야말로 이를 진지하게 생각하는 회사다.

원칙에는 절대적인 설득력이 필요하다

비즈니즈를 뒷받침하는 원칙이 꼭 고귀하고 고매한 이상일 필요는 없다(물론 그런 원칙에 따라 돌아간다면 좋겠지만 말이다). 순전히 실용성에 초점을 맞춘 원칙이라도 괜찮다.

비행기 여행을 예로 들어 보자. 언뜻 보기에 라이언에어와 영국항공은 똑같은 사업을 한다. 둘 다 항공사다. 하지만 알고 보면 두 회사는 완전히 다른 사업을 한다.

영국항공은 보잉 747 같은 대형 여객기로 장거리 노선을 장악해 부를 쌓았다. 런던-뉴욕, 파리-샌프란시스코 같은 노선 말이다. 영국항공은 최상의 기내식이 포함된 비즈니스 클래스 좌석을 높은 가격에 판매한다.

반면 리버풀-알리칸 또는 오르후스-그단스크처럼 잘 알려지지 않은 단거리 노선을 외면했다. 영국항공의 여객기는 초대형이라서 90분짜리 단거리 비행에 보잉 747(수용 인원 700명)을 띄워서는 돈을 벌 수 없다. 뿐만 아니라 사람들은 단거리 비행에 비즈니스 클래스 가격을 선뜻 부담하려고 하지 않는다.

그 틈새를 메운 곳이 바로 라이언에어다. 이 저가 항공사는 한 가지 중심 논리를 기준으로 삼는다. 단거리의 저인기 공항 사이를 소형 여객기로 연결한다. 영국항공으로서는 수지 타산이 안 맞는 항로다.

라이언에어가 운영하는 거의 모든 노선은 런던에서 3시간 이내이고, 대서양을 횡단하는 노선은 없다. 또한 보유 여객기의 95퍼센트가 수용인원이 약 200명인 보잉 737이기 때문에 보수 유지가 비교적 쉽고 효율적이다. 모두 동일한 부품을 사용하는 데다 수리 방법도 똑같기 때문이다. 반면, 영국항공은 10여 개의 서로 다른 종류의 제트기를 운용하기 때문에 보수 유지가 복잡할 수밖에 없다. 이런 구조적 차이 때문에 라이언에어와 영국항공이 동일한 승객이나 노선을 두고 경쟁하는 경우는 거의 없다.

라이언에어는 비행시간이 짧고 장거리의 호화 옵션을 생략했기 때문에 저렴한 가격으로 승객을 원하는 곳까지 운송할 수 있다. 5성급의 편안함은 기대할 수 없지만 비용이 많이 절약된다.

이처럼 라이언에어는 저가, 단거리, 효율성이라는 핵심 원칙을 중심으로 모든 일이 돌아간다. 큰 감흥을 주는 원칙은 아닐지 모르지만, 요점은 그게 아니다. 중요한 것은 라이언에어에는 모든 직원과 대부분의 고객이 이해하는 중심적인 조직 논리가 있다는 사실이다.

그리고 그 논리는 엄청난 이익을 가져다 준다. 라이언에어는 이제 영국항공을 포함한 지상 어느 항공사보다 더 많은 노선을 제공한다.

큰 그림을 팀원에게 공유해라

여기서 배울 점은 애플과 라이언에어에는 공통점, 즉 경쟁사들과 질적인 차이를 만드는 중심적인 조직 신념이 있다는 사실이다.

관리자로서 당신은 회사의 토대가 되는 원칙을 모든 직원과 모든 고객에게 설명할 수 있어야 한다. 그게 안 된다면 끝난 것이다.

직원들은 당신이 그리는 큰 그림이 무엇이고 어떤 비전을 품고 있는지 알고 싶어 한다. 우리가 생각하는 것 훨씬 이상으로 이런 이야기를 자주 듣고 싶어 한다. 신입 사원이 첫 출근을 했을 때, 업무 평가회의에서 목표치를 정할 때, 새 프로젝트를 앞두고 직원들에게 성공해야 할 이유를 설명할 때 등 기회가 있을 때마다 이 이야기를 되풀이해야 한다.

직원 개개인의 입장에서 그냥 일하는 것과 큰 그림을 알고 일하는 것은 엄청난 차이가 있다. 실생활에서 이 차이를 확인하는 가장 쉬운 방법은 취미로 축구를 하는 동호인들과 프리미어리그에서 뛰는 프로 선수들을 비교하는 것이다. 원칙적으로 말해서, 양쪽에서 진행되는 경기는 똑같다. 하지만 동호인 축구는 엉성하고 어수선하다. 재능 있는 아마추어들로 구성된 팀조차 패스 세 번이 간신히 이어진다. 이와 대조적으로, 프로 선수들은 동료들이 정확한 시점에 정확한 지점에서 공을 받으리라는 확신이 있기 때문에 공을 쳐다보지도 않고 정확하게 패스를 한다. 물론, 프로들이 아마추어들보다 기량이 뛰어나니 당연한 얘기일 수 있다. 하지만 성공하는 팀은 시스템 혹은 체계적 방법에 따라 경기를 한다. 모든 선수는 자신의 역할이 무엇이고 그 역할이 큰 그림의 어디에 속하는지 알고 있다.

이는 직장에서도 마찬가지다. 원칙이 비전이 될 때 당신이 꿈꾸는 계획의 동기도 분명해진다. 따라서 모두가 이 계획을 알게 하려면, 그리고 모두가 이 계획을 알고 있음을 다른 사람들도 알게 하려면 동일한 메시지를 끊임없이 이야기할 준비를 해야 한다.

10초 요약정리

- 관리의 토대는 원칙에 관한 것이어야 한다. 당신에겐 사명이 있어야 한다. 윤리, 차별점, 고귀한 소명, 미래 비전이 필요하다. 당신이 매일 직장으로 출근하는 진정한 이유를 직원과 고객들이 알아야 한다.

- 그 이유가 단지 돈을 벌기 위한 것이어선 안 된다.

- 당신이 하는 이야기가 다른 이야기들과 어떻게 다른지 팀원 모두가 알아야 한다.

- 왜 자신이 이 일을 하고 있는지 팀원 모두가 알아야 한다. 그저 늘 하던 일이기 때문에 하는 것이어선 안 된다.

- 윤리를 중요시한다면 고귀하거나 정치적인 원칙이 나올 수 있다. 우수한 제품 디자인을 핵심으로 삼는다면 실용적인 원칙이 나올 수 있다. 비즈니스의 근간이 고객의 주머니 사정을 생각하는 것이라면 가치 또는 가격을 고려한 원칙이 나올 수 있다.

- 관리자로서 우리는 회사의 핵심 원칙을 모든 직원과 고객에게 매일 설명할 수 있어야 한다.

- 같은 말을 반복한다고 기도가 안 통하는 건 아니다!

26

전략 세우는 법

전략적 결정은 회사의 핵심 가치에 영향을 미칠 수 있는 중대한 선택들을 말한다. 하지만 회사가 존재하는 이유와 직결되지 않는다는 점에서 원칙적 결정과는 다르다.

전략적 결정은 신규 투자나 직원, 새로운 위험과 책임, 새로운 기회와 수익을 수반할 가능성이 크다.

다음은 그 몇 가지 예다.

- ○ 신제품 출시
- ○ 신규 경쟁 시장의 진입
- ○ 새로운 연구 개발 라인 개척

원칙적 결정과 마찬가지로, 전략적 결정 역시 회사를 재정적으로 흥하게도, 망하게도 할 수 있다. 하지만 원칙이 회사 **전체**를 쥐고 흔드는 반면, 전략은 대체로 회사의 **일부**에 영향을 미친다.

다음은 잘못된 전략으로 쫄딱 망한 극단적인 사례다. 2000년 4월, 아마존과 토이저러스는 장난감 업계를 재편할 공동성명을 발표했다. 두 회사는 공동 사업을 추진하고 있었다. 아마존은 토이저러스의 온라인 판매권을 독점하는 대신, 아마존닷컴에서 토이저러스의 장난감만 판매해야 했다. 다른 소매업체들의 장난감은 아마존 입점이 금지되었다.

동업의 규모도 놀라웠지만 그 진척 속도 또한 깜짝 놀랄 수준이었다. 이 합작 회사는 단번에 세계 1위의 온라인 장난감 판매업체로 올라섰다. 아마존이나 토이저러스보다 더 큰 판매업체였던 월마트와 타깃Target은 졸지에 아마존 거래가 금지되어 각각 3위와 4위로 밀려났다. 장난감 부문을 담당한 아마존 간부는 이 상황을 다음과 같이 묘사했다. "이 계획의 골자는 우리가 동업을 통해 지상 최대의 장난감 매장을 연다는 겁니다."

이 계약은 두 회사 모두에 이익이었다. 토이저러스와 아마존은 그해에 최소 120억 달러(약 16조 원)의 장난감 판매고를 올렸다. 해가 지나면서 토이저러스의 온라인 판매고는 10배까지 상승했다. 토이저러스의 주요 온라인 경쟁업체가 1년 만에 폐업했고, 아마존은 판매가 성사될 때마다 수수료를 챙겼다.

서류상으로만 보면 두 회사의 동업은 역대 가장 훌륭한 소매 전략이었다. 하지만 이 합작은 토이저러스의 파산으로 막을 내렸다. 3년 반 만에, 토이저러스가 약속을 어긴 아마존에 격노해 소송을 걸었고, 아마존은 토이저러스에 5000만 달러(약 660억 원)를 배상했다. 토이저러스는 자체 온라인 쇼핑몰을 처음부터 다시 열어야 했고, 어렵게 버텨 내나 싶었지만 끝내 회복하지 못했다. 2017년, 토이저러스는 파산보호를 신청하고 미국 내 모든 매장의 문을 닫았다.

대체 무엇이 잘못됐던 걸까? 양쪽 모두에게 윈윈이었던 계획이 이렇게 단시간에 무너진 이유는 무엇일까? 이를 이해하려면 양사의 계약이 성사되기 전인 1999년으로 거슬러 올라가 당시 두 회사가 처한 절박한 상황을 살펴볼 필요가 있다. 1999년 크리스마스 시즌은 토이저러스에게 엄청난 악재가 터진 시기였다. 경쟁업체 이토이즈가 비슷한 웹사이트 주소(eToys.com)로 토이저러스(Toys.com)의 온라인 고객을 빼 가면서 토이저러스의 온라인 판매고가 4000만 달러(약 530억 원)를 넘지 못했다. 그에 반해, 몇 달 전에 갑자기 나타난 이토이즈는 3000만 달러(약 400억 원)의 매출을 올렸는데 예년이라면 토이저러스에게 돌아갔을 수익이었다.

설상가상으로, 토이저러스 사이트는 배송이 불가능한 상황인데도 고객들의 주문을 받았다. 자녀에게 줄 선물이 크리스마스이브 전에 도착하지 않아 산타클로스의 존재를 부정하게 될 위기에 처한 부모들이 결국 소송을 걸었고, 이 사건은 불미스러운 일로 언론에 대서

특필되었다.

CEO 존 아일러는 두루 대안을 찾기 시작했다. 그리고 마침내 2000년 1월 토이저러스와 아마존의 간부들이 만나 협상을 시작했다.

1999년 크리스마스는 아마존에게도 끔찍한 시기였다. 당시 아마존의 장난감 판매고는 6500만 달러(약 860억 원)로 비장난감 업체치고는 나쁘지 않은 실적이었다. 하지만 구입해 놓은 장난감이 판매량보다 훨씬 더 많았기 때문에 재고가 남으면서 3900만 달러(약 520억 원)의 손실을 입게 되었다. 아마존은 기본적으로 장난감 판매에 대한 감이 없었다.

장난감 판매는 당시 아마존의 전문 분야였던 책 판매와 완전히 달랐다. 책은 판매가 쉬운 품목이다. 유통기간이 길고(필요하면 수년씩 보관할 수 있고 고전의 가치는 영구적이다), 1년 내내 팔린다. 게다가 구매자가 없으면 출판사에서 재고를 회수해 가며 환불까지 해 준다. 책은 미판매 재고가 발생할 위험이 지극히 낮다.

하지만 장난감은 정반대다. 모든 장난감의 약 3분의 1은 크리스마스 직전에 팔린다. 크리스마스 때 장난감을 팔지 못하면 다음 구매자가 나타날 때까지 오랜 시간을 기다려야 한다. 장난감에는 고전이 거의 없다. 올해 유행한 게임기는 내년에 홀라후프 신세가 된다. 장난감 판매업은 어떤 장난감이 잘 팔릴지 몇 달 앞서 추측해야 하는 위험 부담 때문에 마진도 낮다. 팔지 못한 재고를 공급업체에서 회수해 가는 법도 없다. 재고 장난감은 아무도 원하지 않는다.

이제 토이저러스와 아마존이 왜 손을 잡게 됐는지 이해가 될 것이다. 토이저러스의 전문 지식에 아마존의 온라인 사업 수완을 더하면 세상에 겨룰 적수가 없었다.

이른 승전보와 출구 전략

아마존닷컴의 토이저러스 섹션은 9월 말에 정상 궤도에 올랐고, 첫해 크리스마스에 승승장구했다. 2001년이 끝나갈 무렵에는 토이즈닷컴의 왕좌를 노리던 이토이즈가 폐업을 했는데, 이는 특별한 의미가 있는 승리였다. 1999년 토이저러스 이사진은 자사에 큰 두려움의 대상이었던 이토이즈와 거래를 할까도 고려했다. 그런데 이제 그 눈엣가시가 사라졌다.

하지만 아마존 쪽에서는 문제가 커지고 있었다. 아마존 간부들은 토이저러스가 장난감 공급에 어려움을 겪는다는 사실을 알아차렸다. 스케이트보드나 비디오게임 같은 일부 품목들은 구매할 수조차 없었다. 아마존은 토이저러스가 장난감 천국을 만들기에는 한참 부족한 물량을 제공하고도 이 독점 계약으로 경쟁을 하지 않아도 된다는 사실을 깨달았다.

아마존은 토이저러스 모르게 백업 계획을 세웠다. 계약서에는 토이저러스가 아마존닷컴에서 판매하는 모든 장난감은 토이저러스에 독점판매권이 있다는 조항이 있었다. 따라서 토이저러스가 판매하지 않는 장난감은 다른 업체들이 팔 수 있다는 얘기였다.

2002년, 한 아마존 간부는 이 상황을 정리해 사내 회람을 돌렸다. "아마존은 장난감과 유아 용품에 대한 지배력을 사실상 〔토이저러스에〕 양도한 셈이다. 이는 좋은 일이 아니다." 이 회람에서는 토이저러스가 주문량을 맞출 수 없다면 아마존이 다른 회사들의 제품을 공급받아야 한다고 제안했다. 토이저러스는 "우리가 어떤 조치를 취하든 불만을 품을 것이다." 하지만 이는 향후 토이저러스가 느낄 분노를 상당히 과소평가한 예측이었다.

예상했던 대로, 2003년 토이저러스는 경쟁사들의 제품이 아마존닷컴에 올라오고 있다는 사실을 알아차렸다. 토이저러스의 최대 맞수인 타깃조차 아마존에서 게임 용품을 팔고 있었다. 토이저러스는 아마존이 다른 경쟁업체들이 입점하도록 허락했다는 데 격분했다. 아마존은 토이저러스가 장난감을 팔지 않거나 재고가 떨어지면 독점판매권이 보장되지 않기 때문에 다른 업체의 장난감을 팔 수 있다고 반박했다.

양사의 협약은 아마존 판매가 허용되는 제품과 그렇지 않은 제품에 대한 끝없는 논쟁으로 완전한 파기 수순을 밟았다. 토이저러스 간부들은 경쟁사 제품이 사이트에 보이면 즉시 내려 달라고 요구했고, 아마존 직원들은 이를 거부하거나 수락했다. 하지만 곧 또 다른 문제의 제품이 등장해 싸움이 계속되었다.

이보다 더 심각한 문제는 토이저러스가 여전히 아마존 판매로 큰 돈을 벌지 못하고 있다는 것이었다. 2003년 크리스마스는 기록적인 해로, 토이저러스는 아마존을 통해 3억 7600만 달러(약 5000억 원)의 판매고를 올렸다. 이 수치는 합작 투자 전에 자사 웹사이트에서 간 신히 올린 매출액의 10배였다. 그러니 이 대성공을 축하해 마지않아 야 했지만, 간부들은 몰래 속앓이를 하고 있었다. 이 매출을 내기 위 해 1800만 달러(약 240억 원)의 영업 손실을 입었기 때문이다.

전쟁 발발

2004년 4월, 토이저러스는 아마존에서 4,000개의 장난감이 다른 벤 더들에 의해 판매되고 있다는 사실을 발견했다. 당연히 토이저러스 는 분노했고, 아마존을 상대로 소송을 걸었다.

아마존 사람들은 분노하지 않았다. 오히려 토이저러스 사람들을 딱하게 여겼다. 이 사건을 담당한 한 판사는 "내가 관찰한 바에 따르 면, 아마존 직원들은 〔토이저러스〕 얘기를 할 때 하나같이 거들먹거 린다"라고 밝혔다.

이 판사는 아마존 간부들이 나중에 생각을 바꾸고 계약 조항을 자 사에 유리하게 해석하기로 했다고 지적했다. 그러면서 자신이 아마 존 창업자 제프 베조스를 신뢰하지 않았음을 넌지시 내비쳤다. "베조스가 겉보기보다 훨씬 더 깊이 계약 조건을 이해하고 있었다는 것은 의심할 여지가 없다." 판사의 판결이었다.

아마존은 2006년에 패소하고 토이저러스와의 관계를 청산했다. 토이저러스에게 이는 공허한 승리였다. 토이저러스는 2000년 아마존과의 계약으로 독립적인 웹사이트 운영을 포기했고 이 기간 동안 토이즈닷컴은 아마존닷컴으로 리디렉션되었다. 따라서 수년이 지난 지금, 토이저러스에는 자사만의 온라인 전략이 전무했다. 맨바닥에서 다시 시작해야 하는 처지였다.

아무 소득 없이 끝난 5년간의 아마존 판매는 토이저러스에 큰 타격을 입혔다. 2005년 토이저러스는 회사에 수혈할 새로운 자금을 확보하기 위해 기업담보 차입매수를 진행했다. 인수자금 66억(약 8조 8000억 원) 중 13억 달러(약 1조 7300억 원)는 투자금이었지만, 50억 달러(약 6조 6500억 원)는 차입매수로 마련해 연간 이자 비용만 4억 달러(약 5300억 원)였다. 게다가 자금 수혈 시기도 너무 늦었다. 아무리 연간 110억 달러(약 14조 6000억 원)의 판매고를 올려도 채무를 이행할 수가 없었다. 결국 토이저러스는 2017년 파산보호를 신청했다. (나중에 다른 회사가 이 브랜드 명칭을 사들이고 일부 매장을 재개장했다.)

동상이몽을 꾼 두 CEO

이 사례를 쉽게 해석하면 이렇다. 토이저러스는 인터넷의 중요성을 깨닫지 못하고 상황 적응에 실패해 결국 웹의 먹잇감이 되었다. 하지만 실상은 그렇지 않다.

이 실패의 근원은 독점계약을 맺기 전인 2000년 6월 28일, 두 CEO가 가진 만남에 있다. 〈월스트리트저널〉에 따르면 토이저러스의 존 아일러는 아마존의 제프 베조스와 전략을 논의하기 위해 몸소 시애틀 본사까지 날아갔다.

아일러는 베조스에게 장난감 사업이 소수의 제품, 즉 그해 가장 핫한 제품들을 중심으로 미친 듯이 돌아간다고 설명했다. 이 범주에 드는 장난감은 약 1,500개다. 한 해에 판매되는 장난감은 4만 개가 넘지만, 97퍼센트는 이 상위 제품 중에서 판매되며 대부분 크리스마스 시즌에 팔린다. 따라서 이 베스트셀러 제품들은 재고가 생겨도 큰 타격이 없다.

문제는 12월에 어떤 장난감이 유행할지 1월에 미리 알 수 없다는 점이다. 아이들이 지금으로부터 11개월 후에 어떤 장난감을 원하게 될지 누가 알겠는가? 크리스마스 시즌에 얼마나 많은 장난감이 필요하고 또 어떤 장난감이 상위 1,500개 목록에 오를지 알아맞힐 수 있다면 성공은 떼어 놓은 당상이다. 장난감 사업을 지배하는 것은 본능과 경험, 예측이다. 이것이 아일러가 비교적 **제한된** 물량을 공급하는 게 이번 동업의 열쇠라고 피력할 때 했던 말이다.

하지만 베조스의 철학은 완전히 달랐다. 아마존이 책으로 성공할 수 있었던 것은 모든 고객에게 때를 가리지 않고 모든 제품을 공급했기 때문이다. 성공의 열쇠는 최대한 **폭 넓은** 선택권을 주는 것이라고 베조스는 믿었다. 베조스가 토이저러스와 동업하기로 결정한 것도 정확히는 토이저러스가 세계 최대의 장난감 유통 업체였기 때문이다.

하지만 두 CEO 모두 이 대화가 오가는 동안 자신이 상대의 전략을 기본적으로 오해했다는 사실을 깨닫지 못했다. 토이저러스는 자사가 아마존에서 장난감 판매를 독점하고 상위 소수의 장난감만 중점적으로 팔 수 있는 권한을 얻었다고 생각했다. 반면 아마존은 토이저러스가 취급하는 방대한 장난감 물량을 공급받을 수 있게 되었다고 생각했다.

서로의 의도를 오해한 두 회사는 제한 대 무제한, 독점 대 보편이라는 서로 상반된 전략을 가지고 계약을 맺게 되었다. 어찌된 일인지 둘 중 누구도 두 전략의 깊은 틈새를 알아차리지 못했다.

값비싼 실패의 대가

아마존과 토이저러스의 계약 종료는 전략적인 측면에서 알아 둬야 할 게 많다. 하지만 절대 간과해선 안 되는 사실은 아무리 두 회사의 전략이 처음에는 동일선상에 있었고 계약을 성사시키려는 동기가 강했다고 하더라도 실패의 대가는 양쪽 모두에 컸다는 것이다. 아마존은 웹사이트에 토이저러스 전용 섹션을 만드는 데 수만 달러를 쏟아부었다. 어느 한 시점에는 아마존 창고 공간 중 40퍼센트가 토이저러스 상품에 할당되었다. 게다가 이 계약을 파기하는 데에도 5천만 달러(약 665억 원)를 써야 했다.

물론, 그 대가는 토이저러스에 훨씬 더 혹독했다. 토이저러스는 아마존에 장난감을 공급하는 것 외에도 아마존닷컴 독점 수수료로 매년 5천만 달러를 지불해야 했다. 다시 말하면 매해 크리스마스 시즌을 빚진 상태로 시작했다.

또한 두 회사에게 유인책은 같았지만, 다시 말해 둘 다 최대한 많은 장난감을 팔아 많은 수익을 남기기를 바랐지만 '비유인책'은 완전히 반대였다. 두 회사는 상대에게 피해를 줄 때 이익을 보았다. 토이저러스는 방대한 장난감 물량을 제공하지 않는 게 이익이었고, 아마존은 토이저러스의 독점 판매권을 침해하는 게 이익이었다.

결과적으로 두 회사의 큰 차이는 토이저러스 측의 판돈이 훨씬 더 높았다는 데 있다. 토이저러스는 온라인 판매를 전적으로 아마존에 의존했고, 늦게서야 이 파트너가 통제하기 힘든 상대라는 걸 깨달았다. 전략적 결정은 잘못될 경우 회사를 완전히 망하게 할 수도 있다. 하지만 아마존으로선 이 동업이 무수히 많은 사업 중 하나에 지나지 않았다. 아마존의 토이저러스 전략은 실패했고 5천만 달러의 손실을 낳았지만, 토이저러스가 아마존닷컴에서 빠져도 근간이 흔들리지는 않았다.

그럼에도 두 회사의 전략은 근본적으로 동일했다.

1. 두 회사는 완전히 새로운 비즈니스를 개척하고자 했다.
2. 위험 요소가 많았다. 두 회사 모두 이 파트너십을 맺는 데 거액의 돈을 걸었다.
3. 게다가 성공한다는 보장이 전혀 없었다. 실패의 대가가 값비쌀 수 있었다.

만일 이 세 가지 신호가 포함된 결정을 하고 있다면 '전략적으로' 중요한 결정이므로 제대로 하는 게 좋다. 토이저러스와 아마존이 치른 값비싼 실패의 대가를 고려하면, 두 회사가 서로에 대한 오해를 바탕으로 동업을 시작했다는 사실이 무척이나 흥미롭다.

10초 요약정리

- 전략적 결정은 회사의 핵심 가치에 영향을 끼칠 수 있지만, 반드시 비즈니스의 존재 이유와 직결되는 것은 아니다.

- 전략적 결정은 일반적으로 새 제품 출시, 신규 경쟁 시장 진입, 새로운 연구 개발 라인 개척 등 새로운 유형의 비즈니스를 시작하는 것과 관련이 있다.

- 전략적 결정은 대규모 투자 또는 위험을 수반한다. 때로는 회사의 성패를 좌우할 만큼 중대한 결정이 될 수도 있다.

- 일반적으로 실패의 대가가 크다. 그러니 제대로 된 결정을 해야 한다.

27

전술 세우는 법

전술적 결정은 회사의 점진적인 발전을 도모하기 위해 내리는 결정이다. 관리자들이 가장 흔하게 내리는 결정이 바로 이 결정이다. 다음은 그 대표적인 예다.

○ 광고 예산 증액

○ 신규 영업 사원 추가 채용

○ 경쟁 업체의 허위 주장에 대한 미디어 대응 결정

전략적 결정에 회사의 운명이 달렸다면, 전술적 결정은 중요하면서도 일상적인 결정이다. 즉, 어떤 시장에서 사업을 운영할지가 아니라, 회사 내부를 어떻게 체계적으로 관리할지가 중점이 된다.

대부분의 업무 시간은 전술적 결정에 쓰인다

전술적 결정이 비교적 중요성이 떨어지는 결정이라고 생각하면 심적 부담이 덜할 것이다. 실제로 전술적 결정은 사소한 경우가 더러 있다. 하지만 관리자에게 전술적 결정은 매일 가장 자주 하는 결정이고 따라서 직원들에게도 가장 많은 영향을 주는 결정이다.

직원들에게 전술적 결정은 가장 자주 경험하는 결정이기 때문에 가장 중요하게 느껴질 것이다. 반면 전략적 결정과 원칙적 결정은 대체로 요원하고 추상적으로 느껴질 수 있다. 관리자의 업무 시간은 대부분 전술을 결정하는 데 쓰인다.

일례로, 모든 회의가 정각에 시작되도록 하기 위해 내가 사용하는 전술이 있다. 회의를 정각에 시작해 정각에 끝내는 결정은 사소해 보일 수 있다. 하지만 회의가 항상 늦게 시작되는 회사에서 일해 본 사람이라면 그게 얼마나 사람을 맥 빠지게 하는지 알 것이다.

아무도 회의에 늦지 않게 하는 확실한 방법

회의는 관리자에게 저주와 같다. 상급 관리자가 될수록 참석해야 하는 회의도 늘어난다. 최상급 관리직, 즉 CEO 수준에서는 관리자의 일이 거의 회의 위주로 돌아간다.

회의로 꽉 채워진 일정은 실행 계획상의 문제를 낳는다. 늦게 시작한 회의는 늦게 끝날 확률이 높고, 그러면 그다음 회의도 늦쳐진다. 한번 회의가 늦쳐지면 연이은 회의들도 지연되면서 전체 일정이 도미노처럼 줄줄이 무너진다.

이런 일이 일어나는 이유는 회의의 특성상 취약점이 있기 때문이다. 회의는 모든 참석자가 도착할 때까지 지연된다. 이 말인즉슨 팀원 중 시간을 제일 안 지키는 사람의 도착 시간에 맞춰 회의가 시작된다는 뜻이다.

잘 생각해 보면 이는 말도 안 되는 짓이다. 왜 분대에서 가장 느린 선수의 속도에 맞춰 경주를 하려고 하는가? 실제로 지각한 사람의 도착 시간에 맞춰 회의를 시작한 것으로 악명 높은 두 회사가 있다. 바로 구글과 야후다!

야후 CEO의 악습관

내가 경험한 잘못된 회의 관리의 가장 극단적인 예는 야후의 전 CEO 메리사 메이어다. 그는 구글의 최고 중역도 지냈다.

두 회사에서 메이어는 앞 회의와 뒤 회의가 겹치게 하는 것으로 악명이 높았다. 오후가 되면 그의 일정은 종종 몇 시간씩 늦쳐져 있었다. 사람들은 그의 사무실 바깥에 앉아 앞 회의가 끝나기를 세월아 네월아 기다렸고, 그사이 그들의 스케줄표는 너덜너덜해졌다.

한 야후 간부는 언젠가 내 동료에게 이렇게 말했다. "메이어가 대표가 된 후로 정시에 시작한 회의나 행사가 단 한 번도 없었어요. 단 한 번도요. 자기 시간만 중요한 게 아닌데, 그런 세심함이나 배려심이 부족해서 시간도 엄청 낭비됐고 원성도 자자했죠. 메이어는 습관적으로 한 시간 이상 늦었어요."

메이어의 지각은 실리콘 밸리에서 전설이 되었다. 니콜라스 칼슨의 저서 《메리사 메이어와 야후 구하기Marissa Mayer and the Fight to Save Yahoo!》에 따르면, 메이어는 유니레버 CEO, 인터퍼블릭 그룹 CEO와의 저녁 식사 자리에 2시간이나 늦은 적이 있는데 두 사람 모두 수십억 가치의 예산을 주무르는 거물급 광고 클라이언트였다. 또 한 번은 중요한 온라인 미디어 컨퍼런스인 칸 광고 페스티벌에 참가했다가 호텔방에서 곯아떨어지기도 했다. (메이어 대신 변명을 하자면, 당시 그는 캘리포니아에서 프랑스까지 오랜 비행을 한 후 시차증을 겪고 있었다.)

회의에 5분 늦는다고 당장 어떻게 되는 것은 아니기 때문에 형편없는 관리자들은 이런 지각 문제를 손대려 하지 않는다. 하지만 레스토랑이나 극장처럼 시간 지연이 치명적인 손실로 이어지는 업계라면 어떨까?

기차는 웬만해선 늦지 않는다

나는 런던에서 옥스퍼드에 가기 위해 패딩턴역에서 기차를 탄 적이 있다. 10분 일찍 도착했기 때문에 여유롭게 내 자리에 앉아 앞에 놓인 테이블에 마크스 앤드 스펜서에서 산 샌드위치와 감자 칩, 인스턴트 진토닉 캔을 늘어놓았다. 늘 하던 대로였다.

기차가 출발하기 전 창밖을 내다보니 정각에 도착하지 못한 한 남녀가 객차 문을 열지 못해 낑낑대고 있었다. 기차 문은 예정된 출발 시간이 되기 **전**에 닫혔다.

몇 초 후, 화가 난 남녀를 플랫폼에 남겨 둔 채 기차가 움직이기 시작했다. 두 사람은 기차가 출발하는 정각에 딱 도착했지만 **딱 정각**은 런던에서 기차를 타기에는 너무 늦은 시간이었다.

영국의 기차 회사들은 철칙이 있다. 기차는 출발시간 30초 전에 문이 닫힌 뒤 정확히 정각에 떠난다. (영국 기차가 맨날 늦는다는 불평이 많은 걸로 아는데, 통계를 보면 영국 기차의 약 90퍼센트는 정각에 출발한다!) 여기서 중요한 사실은 영국의 기차역은 30초만 늦게 도착해도 기차가 승객을 두고 가차 없이 떠나 버린다는 것이다.

참 안타까운 일이다. 하지만 미리 준비를 끝내고 정각에 출발하길 기다리는 대다수 승객에게는 참 잘된 일이다.

게다가 이는 기차 회사의 입장에서도 아주 좋은 일이다. 플랫폼에 가장 늦게 도착하는 승객의 속도에 맞춰 기차를 출발시켜서는 절대로 철도를 운영할 수 없기 때문이다.

기차는 승객이 준비됐든 안 됐든 기차역을 떠난다

나는 팀 회의에 한 가지 규칙을 적용하기를 권한다. 이름 하여 '기차는 승객이 준비됐든 안 됐든 기차역을 떠난다'는 규칙이다. 회의는 누군가 늦더라도 정각에 시작해야 한다. 회의에서 가장 중요한 사람, 즉 상사가 늦더라도 그 사람을 빼고 회의를 시작해야 한다.

관리자인 당신이 늦더라도 팀장 없이 직원들끼리 회의를 시작하도록 권장해라.

이 방법이 효과가 있을까? 효과가 있다. 아무도 다음 회의를 놓치고 싶지 않기 때문에 정각에 회의가 시작되고, 모두가 정각에 회의를 끝내려고 노력한다. 그리고 우리가 회의에 빠져도 아무도 신경 쓰지 않는다. 지각한 사람에게는 회의 앞부분을 놓친다는 것 외에 다른 벌칙을 적용해서는 안 된다.

우리가 회의에 5분 늦어도 회사는 살아남을 수 있다. (살아남지 못한다면 그거야말로 위험신호다!)

'기차는 승객이 준비됐든 안 됐든 기차역을 떠난다'는 규칙은 분명 단순한 전술이다. 우리가 빨리 움직이도록 도와주는 장치다. 이 규칙은 전략이 아니다. 회의 일정을 정하는 일에 어떤 재정적 결과나 위험이 따르지는 않는다. 이 규칙은 원칙 또한 아니다. 회의가 회사의 생명줄이 될 수는 없다. 그것은 터무니없는 일이다. 하지만 회사를 빠르게 나아가게 하는 것은 이런 점진적인 개선이다.

10초 요약정리

- 전술적 결정은 회사의 점진적인 발전을 도모하기 위해 내리는 결정이다. 이는 관리자가 내리는 가장 흔한 결정이다.

- 전술적 결정은 부하 직원들에게 가장 자주 직접적인 영향을 주는 결정이다.

- 직원들에게 전술적 결정은 가장 자주 경험하는 결정이기 때문에 가장 중요하게 느껴진다. 원칙적 결정과 전략적 결정은 더 큰 판돈이 걸리지만 일선 직원들에게는 요원하게 느껴진다.

- 모든 회의를 정각에 진행하고 싶은가? 그럼 직원들에게 "기차는 승객이 준비됐든 안 됐든 기차역을 떠난다"라고 말해라.

28

문제를
분류하는 법

이 세 가지 결정은 말이 쉽지 실전에서는 문제가 원칙, 전략, 전술이란 명찰을 붙이고 나타나지 않기 때문에 서로 구분하기가 쉽지 않다. 따라서 문제가 어디에 속하는지 우리 스스로 신중하게 파악해야한다.

결정을 내릴 때 어떤 결정을 내리고 있는지 아는 것은 중요하다. 이 세 가지는 착각하기가 무척 쉽기 때문이다. 때로는 원칙과 관련된 중요한 결정이 전략적 문제나 전술적 문제로 둔갑한다. 또한 실제로는 전략이나 원칙과 관련된 결정인데 전술적 문제라고 생각하는 등 범주를 혼동하기 쉽다. 문제가 어떤 범주에 드는지 단번에 파악하기는 쉽지 않기 때문에 신중하게 생각해야 한다. 그 덫에 빠지지 않는 능력이 중요하다.

다음은 문제가 어떤 유형에 드는지 테스트할 수 있는 좋은 방법이다.

- ○ **전술적 오류:** 빠른 수정이 가능하다. 이런 오류를 저지른다고 해도 아무도 일자리를 잃지 않는다.
- ○ **전략적 오류:** 많은 비용을 수반할 수 있으며 잠재적으로 회사 전체를 위협할 수 있다. 또한 사람들이 직장을 잃을 가능성이 있다.
- ○ **원칙적 오류:** 사람들의 일자리를 잃게 만들 가능성이 매우 높을 뿐만 아니라 회사 전체를 망하게 하거나 브랜드 이미지에 영구적인 손상을 입힐 수 있다.

범주의 오류에 따르는 대가

애플과 FBI의 대결로 돌아가 보자. 분명 애플은 테러리스트의 휴대폰 암호를 풀어 달라는 FBI의 요구를 **원칙의 문제**로 처리했다. 다시 말해, 그 요구가 회사의 근간을 흔들 수 있다고 판단해 FBI에 협조하지 않았다.

하지만 더 작은 회사가 똑같은 상황에 처했다면 이 결정을 **전략의 문제**로 보았을 수도 있다. 예를 들어, 애플은 FBI의 요구가 회사 수익에 위협이 된다는 결론을 내렸을 수도 있다. 즉, 휴대폰 잠금을 풀면 프라이버시와 보안을 중시하는 고객을 잃을 수도 있기 때문에 이러한 수익을 보호하기 위해 FBI에 반대하는 전략적 결정을 내렸을 수 있다.

물론 이 결정은 잘못된 결정이 됐을 것이다. 애플이 FBI에 반대한 것은 중요한 가치가 위협받기 때문이 아니라 결국 이윤 때문이었다는 걸 소비자도 알게 될 테니 말이다. 또한 이러한 결정은 애플이 천박하고 냉정하다는 여론을 만들어 브랜드 이미지에 손상을 입혔을지 모른다.

애플이 FBI의 요구를 전술적 문제로 처리했을 가능성 또한 있다. 만일 애플 홍보팀이 반테러 수사에 반대했다가 언론에 부정적으로 노출될 것을 걱정했다면 어땠을까? 그랬다면 FBI에 백기를 들고 시키는 대로 하면서 모든 문제가 사라지길 바랐을 것이다.

하지만 이 또한 잘못된 결정이었을 것이다. 결국 고객들은 프라이버시를 지켜주겠다는 애플의 약속이 감언이설이었다는 것을, 그렇게 안전하다고 홍보하던 휴대폰에 해킹이 가능한 백도어가 만들어졌다는 사실을 알게 될 것이다. 그리고 훨씬 더 심한 악평이 언론을 도배했을 것이다.

10초 요약정리

- 관리자들은 세 가지 유형의 결정, 즉 원칙적 결정, 전략적 결정, 전술적 결정을 내린다.

- 자신이 어떤 결정을 내리고 있는지 아는 것이 중요하다. 이를 혼동하는 대가는 어떤 오류냐에 따라 다르기 때문이다.

- 전술적 오류는 대체로 어렵지 않게 수정할 수 있다.

- 전략적 오류는 값비싼 비용을 수반할 가능성이 높다.

- 원칙적 오류는 회사 전체의 비전과 신뢰성에 타격을 줄 수 있다

- 범주의 오류를 범하는 것, 다시 말해 실제로는 이 결정을 하면서 저 결정을 하고 있다고 생각하는 것은 대재앙을 부르는 특효약이다.

이게 다다!

내가 아는 리더를 위한 관리법은 이게 다다. 분명 내 조언이 모든 상황이나 모든 직업군에 들어맞지는 않을 것이다. 그러니 각자의 상황에 맞춰 활용하기 바란다.

그리고 무엇보다 행운을 빈다. 행운이 필요한 순간이 많을 테니까!

만일 이 책을 다 읽고도 여전히 팀원들에게 윽박을 지르며 홧김에 사람을 자르는 할리우드 상사에 꽂혀 있다면 스티브 브릴이 내게 했던 행동을 떠올려보자. 브릴이 내 기사 원고를 조목조목 까는 메일을 회사 전체에 보냈다고 첫 부분에 소개한 바 있다.

지금 브릴은 자신이 그런 사람이었다는 데 민망해한다. 그 이후로 그는 많이 달라졌다.

"정말이지 멍청하고 충동적이고 끔찍한 관리의 대표적인 사례가 아닐까 싶네요." 내가 그 일을 상기시키자 그가 한 말이다. "품질이 마음에 들지 않는다고 공개적으로 망신을 주는 건 있을 수 없는 일이에요. 작업물이 정말 개판이든 아니든 말이죠."

그는 이어서 말했다. "예전에는 그런 일이 있으면 이게 다 우리 상품의 품질을 높이기 위한 거라고 말했어요. 단순히 커피 심부름을 빠릿빠릿하게 하고 말고의 문제가 아니라고요. 그런데 그건 충분한 이유가 못 돼요. 부당한 건 둘째 치고 직원들 사이에 두려움을 조성해 오히려 역효과를 낳거든요. 인재를 채용할 때 그다지 도움이 되는 이야기도 아니고요. 어디다 자랑할 만한 얘기가 아니죠. 몇십 년이나 관리나 교육 업무를 하고도 발전이 없다면 형편없는 관리자인 거죠."

그렇다. 할리우드 상사들조차 결국엔 스스로의 과거를 후회한다. (그런데 브릴은 수영장에서 짐 크래머를 문 일에 대해서는 부끄러워하지 않는다. "짐이 그 얘기를 지어냈다는 입장에는 변화가 없지만, 뭐 아무려면요.")

책 초반에 나는 책 읽을 시간이 없는 독자들을 위해 각 장에 요약정리를 넣을 것이라고 말했다. 그리고 여기에도 전체 내용을 간추린 10초 요약정리를 준비했다.

《리더십 게임》 10초 요약정리

- 누군가가 어떤 업무를 해주면 '고맙다'고 말해라. 모든 일에 '고맙다'고 말해라.

- 계획을 세워라. 팀원들의 계획을 나의 계획으로 바꾼다면 더욱 좋다.

- 채용만 잘해도 문제의 80퍼센트는 해결된다. 새로운 인재를 채용하는 일을 다른 어떤 관리 업무보다 우선해라.

- 새로운 직원을 채용할 때마다 팀의 평균 능력을 올려야 한다.

- 연막전술과의 전쟁에서 이겨라. 직원들에게 헛소리하지 마라. 직원들은 상사가 당면 과제를 분명하게 말해 주기를 원한다. 투명하게 공개해라.

- 변화에 수반되는 일을 직원들에게 솔직하게 말해라. 모든 직원이 업계의 속성과 현안에 대해 이해할 수 있도록 큰 크림을 설명할 필요가 있다.

- 훌륭한 커뮤니케이션의 기초는 반복이다. 이용 가능한 모든 채널을 활용해 소통해라.

- 팀원들의 할 일 목록에서 주기적으로 사소한 일을 삭제해 줌으로써 팀원들이 가장 중요한 업무에 집중할 수 있게 해라.

- 대박과 쪽박 기법을 사용해 직원들이 왜 성공하고 왜 실패했는지 분석하게 해라. 성공과 실패로부터 배워라.

- 잘한 일을 보면 칭찬해라. 다른 업무나 제품, 서비스에 적용할 새로운 아이디어를 내는 데 이 성공 사례를 활용해라.

- 대박과 쪽박 기법을 지속적으로 적용하면 업무량이나 기술, 직원을 늘리지 않고도 팀의 평균 성과와 전체 실적을 자동으로 끌어올릴 수 있다. 일관성은 탁월한 사람들의 요술 방망이다.

- 평균보다 약간 더 잘하는 것의 놀라운 힘을 활용해라. 생산성이 낮은 업무를 중단하고 그 직원들을 생산성이 높은 업무로 이동 배치해라.

- 우리는 끝없는 성장의 바다를 떠다니고 있다. 우리의 배는 끝없는 성장을 동력 삼아 앞으로 나아가고 있다. 새로운 아이디어는 성장을 일으키고, 사람들은 시간이 지날수록 일을 더 잘하게 된다. 이 두 가지 역학은 장기적인 측면에서 눈덩이처럼 불어난 성과를 가져올 것이다.

- 업무는 인기 콘테스트가 아니라, 일의 완수 여부를 따지는 콘테스트다. 직원들을 판단할 때는 그럴듯한 말을 하는지가 아니라 업무를 잘하는지를 봐라.

- 인맥, 인상 대신 데이터로 해결해라. 개인적 경험에 의존한 관리를 자제해라. 데이터는 구체적이고 측정 가능하며 확인할 수 있어야 한다.

- 퀀트의 오류를 조심해라. 양질의 데이터를 갖는 것과 양질의 데이터에 판단을 적용하는 것은 별개의 문제다.

- 5명의 법칙을 명심해라. 팀원이 6명을 넘어가면 역기능이 임계점에 도달하게 된다.

- 상사 관리는 매우 저평가된 기술이다. 레벨 4 행동을 보이는 사람들을 승진시켜라. (또한 반 헤일런 테스트를 사용해 지시 사항을 따르지 않는 사람들을 승진시키지 않도록 해라.)

- 나쁜 싹은 시작부터 잘라라. 문제는 저절로 사라지지 않는다. 빠르게 개입해 문제를 해결해라.

- 직원들이 출근하는 유일한 이유가 돈 때문이라면 우리는 형편없는 관리자일 공산이 크다.

- 관리자들은 원칙이나 전략, 전술을 바탕으로 세 가지 유형의 결정을 내린다.

- 전술적 오류는 대체로 손쉽게 수정할 수 있다. 전략적 오류는 비싼 대가를 수반할 가능성이 높다. 원칙적 오류는 전체 비전과 신뢰성에 타격을 줄 수 있다.

- 범주의 오류를 범하는 것, 다시 말해 실제로는 이 결정을 하면서 저 결정을 하고 있다고 생각하는 것은 대재앙을 부르는 특효약이다.

감사의 말

이 책을 집필하는 동안 나를 도와준 고마운 사람들이 많다. 우선 원고를 쓰는 동안 인내와 지원을 아끼지 않은 필리파 스톡에게 고마움을 전한다. 해리만 하우스 출판사의 크리스토퍼 파커는 이 책을 준비하는 데 무척 유용한 조언을 해 주었다.

지난 10여 년간 함께 일한 기자들은 내게 가장 많은 가르침을 준 사람들이다. 이들의 강력한 경쟁력 덕분에 오랫동안 스포트라이트에 가려져 있던 집단이 큰 영향력을 지닌 조직으로 성장했다. 그리고 수백 명은 족히 될 내 모든 동료에게도 감사를 전한다. 이들은 자신도 모르는 사이에 대박과 쪽박을 비롯한 다양한 기법의 실험 대상이 되어 주었다.

모두 고맙습니다.

옮긴이 김윤경

한국외국어대학교 인도어과를 졸업한 후 영상 번역 에이전시에서 근무했다. 해외의 다양한 영화를 포함한 영상 자막을 우리말로 옮겼다. 현재는 출판 전문 번역가로 활동 중이며, 주 관심사는 역사와 인문, 소설이다. 옮긴 책으로는《유네스코 세계기록유산》《춤추는 식물》《마이클 부스의 유럽 육로 여행기》《도시 속의 월든》《감정의 식탁》《적색 수배령》 등이 있다.

리더십 게임

첫판 1쇄 펴낸날 2023년 7월 25일

지은이 짐 에드워즈
옮긴이 김윤경
발행인 김혜경
편집인 김수진
책임편집 곽세라
편집기획 김교식 조한나 유승연 김유진 전하연
디자인 한승연 성윤정
경영지원국 안정숙
마케팅 문창운 백윤진 박희원
회계 임옥희 양여진 김주연

펴낸곳 (주)도서출판 푸른숲
출판등록 2003년 12월 17일 제2003-000032호
주소 서울특별시 마포구 토정로 35-1 2층, 우편번호 04083
전화 02)6392-7871, 2(마케팅부), 02)6392-7873(편집부)
팩스 02)6392-7875
홈페이지 www.prunsoop.co.kr
페이스북 www.facebook.com/prunsoop   **인스타그램** @prunsoop

* 잘못된 책은 구입하신 서점에서 바꾸어 드립니다.
* 본서의 반품 기한은 2028년 7월 31일까지입니다.